AF344726

con il contributo
della Regione Campania

L'immagine di sfondo della copertina è stata realizzata da Kotkoa/Freepik

I ristampa - 2023

EMILIA DENTE

L'ARTE PERDUTA

Faenzari, cretai e rovagnari a Montefusco

Vol. I

1631-1865

TEREBINTO
EDIZIONI

... a te che mi sorridi

nell'azzurro dei pensieri

Introduzione

La trama storica dell'antico Capoluogo del Principato Ultra, Montefusco, è disseminata di vicende piccole e grandi, di eventi e di personaggi che hanno lasciato tracce importanti nel contesto socio-culturale e storico locale, e in quello più ampio del nostro territorio. La nostra antica e incantevole cittadina, a cui tanti storici appassionati hanno dedicato corpose pagine ed interessanti monografie, offre ancora intriganti spunti di riflessione e motivi di ricerca a chi, vagando affascinato tra i suoi misteriosi vicoli, focalizza la sua attenzione sulle storie di vita più umili, sui racconti di uomini e donne semplici, poco noti, spesso persi nell'oblio del tempo… sulle tracce di nomi lontani, cercando i volti ignoti e le mani affaticate che hanno imparato ed insegnato lavori complessi e delicati, rudimentali forme di arte e pensiero nel coro dissonante della Vita. Le trame sbiadite delle loro esistenze si sono incrociate, a volte lacerandosi, a volte colorando vivacemente l'ordito misterioso della Storia. Fragili fili intrecciano memorie perdute, nodi e ricami, nella tela sfocata del tempo.

Storia e storie dei montefuscani di ieri e della loro arte lontana che echeggia nel silenzio dei vicoli e delle pagine ingiallite… per chi vuole ascoltare…

Faenzaro… faenzaro… faenzaro… tra le pagine polverose dell'antico registro che stavo consultando in Archivio[1] , il desueto termine si ripeteva con intrigante frequenza… erano tanti gli uomini – giovani adulti anziani fanciulli – che in quegli anni di difficoltà e sacrificio, a Montefusco, si dedicavano a tale professione. Tanti, troppi, per non sollecitare la mia sana ed appassionata voglia di approfondire… e poi i nomi, i luoghi, eco di radici lontane… frammenti di memoria nel mosaico variopinto della vita di una famiglia – la mia – e di una comunità. Sfide feconde nel labirinto del tempo, dalle pagine ingiallite alle carte nascoste, dal racconto dei nonni a documentate monografie… comincia così il mio cammino sui sentieri soleggiati della storia montefuscana, tra i vicoli della memoria e i ricordi sfumati delle fornaci, tra riggiole colorate e volti sbiaditi, tra ostacoli insensati e generose collaborazioni, tenace ed appassionata alla ricerca dei faenzari…

Il termine faenzaro viene utilizzato, fin dalla seconda metà del XVI secolo, per indicare gli artigiani che lavoravano la ceramica di cui Faenza era il centro di maggiore produzione. Il termine veniva usato anche per definire le ceramiche e le botteghe dove venivano prodotti tali manufatti. Non erano allo stesso livello dei faenzari, ma lavoravano comunque l'argilla, i cocciolari, i pignatari, i vasai, i rovagnari e i cretai, dediti prevalentemente alle diverse fasi di produzione e lavorazione dei manufatti, soprattutto stoviglie e oggetti di uso comune. In definitiva, come afferma pure l'insigne storico Antonio Salvatore, «fajenzaro o faenzaro è un termine più ricercato, quasi nobilitante, per l'artigiano e per i suoi prodotti, quasi che il richiamo a Faenza (RA), antichissimo centro di produzione ceramica, bastasse da solo a dar lustro all'artigianato e al suo prodotto»[2].

L'antica arte della ceramica a Montefusco

Risale con molta probabilità all'età aragonese la fioritura della ceramica a Montefusco, essendo noto l'impulso impresso da Ferrante D'Aragona, che vi istituì anche una fiera annuale a partire dal 1484, alle arti ed industrie. Tuttavia l'origine dell'attività ceramica anche in questo centro va ricercata nei

---

[1] Era uno dei registri ottocenteschi degli Atti di Morte che, nello svolgimento dell'incarico di Curatrice del Museo, regolarmente consultavo nell'Archivio del Comune di Montefusco. Tali registri, allora liberamente consultabili da tutti, sono custoditi nei locali della nostra sede Comunale.
[2] ANTONIO SALVATORE, *Mons. Fusculi. Meriggio e Crepuscolo di una capitale*, nota 33, p. 245.

ricordati influssi bizantini e soprattutto islamici, se si pensa che, intorno al 1251, Montefusco fu feudo personale di Manfredi di Svevia, allora principe di Taranto, che vi soggiornò stabilmente, assieme ad un forte presidio dei suoi fedeli Saraceni[3].

Così si esprime il professore Guido Donatone, esperto conoscitore dell'arte della ceramica e della maiolica, nel suo pregevole testo del 1976 *Maiolica Popolare Campana*, dove descrive l'importanza di tale attività artistica e artigianale a Montefusco nei secoli passati, documentando pure il notevole flusso di commercio e di esportazione che di tali opere veniva fatto.

È certo che nel secolo XVI le maioliche di Montefusco erano rinomate dal momento che ne risulta un forte flusso di esportazione verso la Sicilia dove, assieme al vasellame di importanti fabbriche spagnole ed italiane, come Montelupo, Pisa, Faenza, Venezia, Napoli, si incontrano di continuo, nei documenti notarili, piatti, vasi e bornie di Montefusco.

Pure l'avvocato Giovanni Castagnetti, nel suo libro *La Capitale del Principato Ultra Montefusco*, ricorda che «tra il secolo XVI e il XVII la ceramica di Montefusco era rinomata... e ricordata specialmente per i bianchi vasi da Paolo Giovio»[4]. Notizie molto interessanti riguardanti l'arte dei cretai a Montefusco sono riportate poi dalla dottoressa Carolina Belli nel testo *Famiglia, proprietà e classi sociali a Montefusco nella prima metà del XVII secolo*. Nel documentato lavoro della ricercatrice, presentato nell'ambito del Seminario di Storia Medievale e Moderna dell'Università di Napoli, l'attenzione è focalizzata sulla situazione economica e sociale della nostra cittadina, utilizzando, come validi indicatori, i dati desunti dall'antico Catasto del 1631 in cui venivano prese in considerazione le professioni e le fortune dei montefuscani del tempo. «È chiaro che siamo lontani dall'immagine di un paese con un'economia strettamente agricola»[5], è la considerazione che la Belli formula, completando tale affermazione con la valutazione delle motivazioni che sottendono a tale particolarità:

---

[3] Guido Donatone, *Maiolica Popolare Campana*, Edizioni Banco di Napoli 1976, p. 40.
[4] Giovanni Castagnetti, *La Capitale del Principato Ultra Montefusco (Fulsulae). Dalla preistoria ai tempi nostri*, p. 98.
[5] C. Belli, *Famiglia, proprietà e classi sociali a Montefusco nella prima metà del XVII secolo*, p. 349.

> … la esistenza di una animata élite e la presenza anche di forti nuclei arti-
> gianali era certamente connessa alla presenza dell'Udienza che, ripetendo
> in misura minima quanto avveniva contemporaneamente a Napoli intorno
> ai tribunali, suscitava fenomeni di articolazione nella struttura sociale sco-
> nosciuti in altri paesi dalla base economica soltanto agraria[6].

Aggiungendo inoltre che «nell'ambito di parecchie miglia Montefusco rap-
presentava il centro di maggiore importanza e il punto di riferimento obbligato
per chiunque dai paesi circostanti, volesse trovare un ambiente socialmente più
evoluto»[7]. È in tale cornice "socialmente più evoluta" dunque che la raffinata
arte della ceramica montefuscana viene praticata dai "forti nuclei artigianali"
registrati dettagliatamente in tale antico catasto. Un'altra testimonianza interessante sull'esistenza di una produzione di ceramica a Montefusco è contenuta in
un documento del 1716 in cui si riferiva: «vi sono quattro fornaci che fanno vasi
di creta per cucinare piatti et altro». Era la testimonianza del notaio Giuseppe
Raguccio nel cosiddetto "apprezzo della Baronia"[8], la perizia valutativa di tutto
il territorio che egli realizzò appunto in tale anno. Tante, infine, sono le testimonianze della presenza dei faenzari e dei cretai, nel secolo successivo, fedelmente
riportate nei documenti dello Stato Civile, entrato in vigore nell'agosto del 1809.

Un'arte antica e pregevole dunque, testimonianza dei fasti passati e preziosa
eredità della dinastia aragonese che, alla Città di Montefusco, aveva concesso già
tante grazie e benefici. Un'arte perduta purtroppo. Sono pochissime oggi le testimonianze di tale attività artistico-artigianale nel modesto borgo che, nel silenzio
e nel declino dei secoli, pure ha conservato, nel ricco patrimonio monumentale e
nell'atmosfera signorile, importanti tracce di un glorioso, seppur lontano, passato. E così, nell'ombra di una modesta nicchia sull'architrave della Chiesa di San
Bartolomeo, accoglie benevola il forestiero la Vergine incoronata, avvolta nel
caldo blu del manto e delle nuvole, sulle riggiole finemente dipinte; nel silenzio
del tempo si intrecciano ai lenti passi del popolo in preghiera i delicati fiori e le
misteriose geometrie dei tappeti di ceramica dipinta nelle Chiese del paese, tra
stemmi sbiaditi e armoniose greche decorate, mentre la luce colpisce Francesco

---

[6] *Ivi*, p. 350.

[7] *Ibidem*.

[8] Questo documento è del 1716 e s'inserisce nella decisione del Sacro Regio Collegio di annullare
la vendita della Baronia fatta nel 1682 dal principe di Piombino alla Duchessa di Flumeri. Venne
allora ordinata dal S.R.C. una perizia valutativa, o apprezzo, di tutta la Baronia che venne affidata
al notaio napoletano Raguccio.

nel piccolo mosaico di ceramiche della Chiesa a Lui dedicata. Nel chiaroscuro del borgo incantato occhieggiano, dal segreto di antichi portali, frammenti di riggiole decorate, solitari mosaici persi nella memoria della comunità mentre ancora, nei ricordi sfumati, risuonano tracce di fornaci e cretai…

Immagine della Madonna incoronata con Angeli dipinta su piastrelle di ceramica, posta sull'architrave della Chiesa di S. Bartolomeo Apostolo. Tale immagine sembra parte di un mosaico ceramico di più ampie dimensioni, nell'angolo a sinistra si intravede infatti l'aureola di un santo, e la stessa immagine della Madonna appare incompleta.

L'autore è ignoto e non si hanno notizie circa la data di realizzazione.

Capitolo I

Tra le polverose carte

I documenti consultati

Mi metto in cammino dunque, alla ricerca della perduta arte dei faenzari, e delle loro perdute storie. Seguo deboli tracce e attraverso pagine ingiallite e polverosi documenti. Fondamentali sono i resoconti ufficiali delle attività economiche del tempo, i Catasti soprattutto, e gli Atti dello Stato Civile, in cui veniva indicata la professione dei cittadini, ma pure gli Atti Notarili, i documenti e le lettere della Reale Società Economica, gli Inventari, i Libri della esazioni, tutti documenti attentamente consultati e opportunamente integrati dagli Stati delle Anime, scrupolosamente redatti dai parroci del tempo, e da tanti certificati custoditi nell'Archivio Parrocchiale di Montefusco.

Il più antico documento consultato per tale ricerca risale al 1579, è il *Liber Baptizatorum* della Parrocchia di S. Maria de la Platea, ma i documenti ritenuti più utili in questo studio sono i Catasti del Comune di Montefusco.

I Catasti

I Catasti sono documenti contenenti rilevamenti sistematici di oggetti omogenei, tipicamente accompagnati da una mappa e da un registro. Nel territorio che è specifico interesse di questo studio, il Comune di Montefusco, e per la rilevazione dell'attività economico-artigianale, il più antico Catasto di cui si ha notizia risale al 1631, valutato nell'analisi della dottoressa Carolina Belli ed esaminato specificamente per i dati afferenti al presente studio. Il primo catasto esaminato direttamente dalla scrivente è invece il Catasto Onciario del Comune di Montefusco del 1753, documento di fondamentale importanza nella dinamica di questa indagine e snodo fondamentale da cui si dirama la ricerca nella ricostruzione genealogica antecedente e nello sviluppo successivo dell'arte e delle figure dei faenzari. Ugualmente utile ed interessante è infine un altro documento custodito nella sezione Catasti dell'Archivio di Stato di Avellino: il Catasto Napoleonico Provvisorio – Contribuzione Fondiaria, anno 1807 – Comune di Montefusco, redatto un cinquantennio dopo il Catasto Onciario del 1753, con lo stesso fine di definire la situazione economica e sociale della Montefusco dei tempi passati.

Il Catasto del Comune di Montefusco (anno 1631)

L'antico Catasto del 1631 è conservato, sebbene in una copia più tarda probabilmente del XVIII secolo, nell'Archivio di Stato di Napoli (*Archivio Tocco di Montemiletto* 119/489[9]) e viene dettagliatamente analizzato dalla dottoressa Carolina Belli, nel libro già citato *Famiglia, proprietà e classi sociali nella Montefusco del XVII secolo*. Nel 1631, in seguito alle riforme fiscali volute dal giurista Carlo Tapia, Uditore a Montefusco e a Salerno, vennero accatastati, *hostiatim* (porta a porta), dagli eletti comunali appositamente deputati a tale compito 275 nuclei familiari e 17 ecclesiastici a Montefusco. La popolazione residente in quell'anno ascendeva a 1125 anime, 584 di sesso femminile e 541 di sesso maschile. Nel dettaglio delle professioni registrate, oltre ai Nobili, ai Dottori e agli Addetti alla Regia Udienza, tutti rappresentanti della nobiltà e della ricca borghesia della cittadina, vi era una corposa categoria di Artigiani, in totale 71, suddivisi in Lavoratori di seta, Tessitori, Cositori, Calzolari, Cretari, Ferrari, Mastri d'Ascia, Tavernari, Panettieri, Barbieri e Artigiani vari. In tale gruppo, la categoria artigianale più corposa e maggiormente rappresentata è proprio la categoria dei Cretari, con i suoi 17 addetti, segno di una attività presente, vivace, praticata con una certa importanza. A completamento del quadro demografico, vengono annotati pure i massari, gli zappatori, i bracciali e i vaticali, tutti lavoratori a giornata, considerati quindi di condizione più modesta. Un ulteriore dato interessante, in questa analisi trasversale delle condizioni socio-economiche della popolazione montefuscana

---

[9] C. BELLI, *op. cit.*, notizia riportata nella nota n. 5, p. 341.

del tempo, è poi lo schema numero 4 proposto nel testo della Belli e riguardante la *Composizione delle Fortune nel 1631,* che considera le Once imponibili defalcate dal "testatico", l'odiosa tassa imposta "per testa". Da tale analisi si evince che, oltre ai nobili e ai possidenti, con le loro ricchezze notevoli, «i nuclei familiari che godono di reddito effettivo da 1 a 5 once rappresentano l'altra grande parte della popolazione, gli artigiani benestanti, i piccoli commercianti, i contadini più ricchi»[10]. Ancora una volta è evidente la vocazione felicemente artigianale e commerciale di gran parte della popolazione. Un ultima interessante nota, utile nelle dinamiche successive di questo studio, è la rilevazione che fa la studiosa circa l'esistenza e la distribuzione sul territorio montefuscano dei grossi gruppi familiari, evidenziando la presenza numericamente importante della famiglia Dente, il gruppo familiare più numeroso nella Montefusco del 1631, con la presenza di ben 16 gruppi familiari, allocati soprattutto nel territorio parrocchiale di San Pietro, di San Matteo e San Nicola, che, vedremo poi, nei Catasti successivi, sarà la zona di maggiore sviluppo delle botteghe dei faenzari e dei cretai.

Il Catasto Onciario del Comune di Montefusco (anno 1753)

La realizzazione dei Catasti Onciari fu ordinata da Carlo III di Borbone con dispaccio del 4 ottobre 1740 al fine di "accatastare" le proprietà mobiliari ed immobiliari possedute nei vari Comuni del Regno di Napoli e Sicilia. Tali documenti dovevano la loro denominazione al fatto che il computo veniva reso in once, antica unità monetaria, e si caratterizzavano per una maggiore equità sociale nella tassazione, andando a tassare pure i patrimoni dei grandi proprietari, e finalmente pure quelli ecclesiastici. Essi dividevano infatti i cittadini in un preciso schema di categorie[11], ognuna con oneri tributari precisi.

---

[10] C. BELLI, *Famiglia, proprietà e classi sociali a Montefusco nella prima metà del XVII secolo*, p. 352.

[11] Si distinsero i cittadini (o, meglio, i fuochi delle università) e i forestieri (residenti o possidenti nelle località: tra questi non erano elencati gli stranieri, sottoposti a regime speciale), i laici e gli ecclesiastici (persone fisiche o enti). Ne derivò il seguente schema di categorie, ognuna con oneri tributari diversi, da accatastare nel seguente ordine:

1. cittadini abitanti e non abitanti; 2. vedove e nubili; 3. ecclesiastici secolari cittadini; 4. chiese, monasteri e altri enti ecclesiastici; 5. forestieri abitanti laici; 6. ecclesiastici forestieri secolari abitanti; 7. chiese monasteri e luoghi pii forestieri; 8. forestieri non abitanti laici; 9. forestieri non abitanti ecclesiastici secolari.

Dal punto di vista oggettivo si può ricordare che sulle case d'abitazione non si tiravano once per-

Il Catasto Onciario del Comune di Montefusco, compilato negli anni 1752/1753, è un fedele e dettagliato resoconto della situazione economica e patrimoniale dei cittadini montefuscani del tempo. Esso offre utili indizi riguardo al contesto sociale e in merito alla presenza e allo sviluppo delle attività artigianali. Nel contesto del presente studio, rappresenta dunque l'ideale punto di partenza per il complesso percorso di ricerca. Tale documento, più volte consultato presso l'Archivio di Stato di Avellino, dove ne è custodita una riproduzione fotostatica, menziona ben 17 artigiani dediti, a quel tempo, alla produzione della ceramica, pur con diversi ruoli e diverse specializzazioni. Di seguito essi vengono minuziosamente presentati con l'attenzione e la dovizia di particolari ad essi riservata nel computo del suddetto catasto:

I rovagnari:

- **Andrea Molone**, rovagnaro, di anni 52.
  Possiede per sua abitazione una casa di un membro nel luogo detto L'Olmo.
  Possiede altra casa sottana per uso del suo mestiero sita fuori dell'abitato.
  Più una vigna nel luogo detto S. Antuono.
  Più una selva nel luogo detto La Piana.

- **Gaetano Molone**, figlio di Andrea, rovagnaro, di anni 14.

- **Francesco Dente**, di Vincenzo, rovagnaro, di anni 54.
  Possiede per sua abitazione una casa di quattro membri soprani e sottani nel luogo detto Lo canale.
  Più altra casa per uso del suo mestiero nel luogo detto "Lo canale".

- **Giuseppe Dente,** figlio di Francesco, rovagnaro, di anni 14.

- **Giambatta Molone,** rovagnaro, di anni 49.
  Possiede per sua abitazione una casa sottana di un membro nel luogo detto Logovelle ("Lo canale?").
  Più altra casa di tre membri, soprani e sottani, nel luogo detto San Bartolomeo. Più una selva castagnale nel luogo detto "La Piana".

---

ché esenti da imposte e che ogni gravame sui beni mobili ed immobili era detratto dalla sostanza, perché il tributo doveva colpire i beni al netto di ogni peso.

- **Giovanni Molone,** rovagnaro di anni 28.
  Tiene in affitto la casa di sua abitazione.
  Più tiene in affitto una bottega per uso del suo mestiere da Carmine Melone.

- **Saverio Molone**, fratello di Giovanni, rovagnaro, di anni 19.

- **Matteo Dente,** rovagnaro, di anni 50.
  Possiede per sua abitazione una casa di quattro membri soprani e sottani con piccolo orto accosto nel luogo detto "Li Luppigni".
  Possiede altra casa, per uso del suo mestiero nel luogo detto Mierosano.
  Più una selva ridotta in semina nel luogo detto "Le Greccole". Più altra selva castagnale.
  Più sei pecore.
  Più due somari.

- **Guglielmo Dente,** figlio di Matteo**,** rovagnaro, di anni 23.

- **Pasquale Melone,** rovagnaro, di anni 30.
  Possiede una casa per sua abitazione nel luogo detto "Lo Piano"
  Più una selva castagnale.
  Più due somari.
  Tiene in fitto una camera per uso di vendere vino.
  Tiene impiegato in compra vendita di vino.

- **Saverio Mottola**[12], ovvero **Saverio Manzo**, rovagnaro, di anni 25.
  Tiene in affitto casa per sua abitazione.
  Possiede una bottega per uso del suo mestiere nel luogo detto "Lo canale".
  Più un somaro.

---

[12] Errore di trascrizione della copia del Catasto Onciario del 1753 conservata nell'Archivio di Stato di Avellino. Il rovagnaro in questione non era Saverio Mottola, ma Saverio Manzo, figlio di Nicola e di Angela Dente e marito di Vienna Della Rena. Lo confermano gli Stati delle Anime della Parrocchia di S. Pietro de' Ferraris degli anni 1751, 1752, 1753 e 1754 e seguenti, in cui viene correttamente registrata la presenza di Saverio Manzo, figlio di Nicola, marito di Vienna Della Rena e padre di Rosalia, di professione rovagnaro, appunto.

- **Tommaso Molone**, rovagnaro, di anni 67.

    Possiede per sua abitazione una casa di più membri soprani e sottani nel luogo detto S. Nicola.

    Altra casa di due membri per uso del suo mestiere nel luogo detto "Lo canale".

    Più un territorio seminato.

    Più una selva castagnale nel luogo detto "Lo Piano".

    Più ventidue pecore.

- **Giuseppe Molone**, figlio rovagnaro, di anni 37.

I pignatari:

- **Ciriaco Dente**, pignataro, di anni 43.

    Possiede una casa di tre membri con grotta e largo nel luogo detto S. Pietro.

    Più un terreno seminato nel luogo detto "Le fontanelle".Più una selva castagnale nel luogo detto "La Piana". Più due somari.

I faenzari:

- **Rocco Molone**, faienzaro, di anni 75.

    Possiede per sua abitazione una casa di quattro membri soprani e sottani con piccolo orto accosto nel luogo detto "L'Olmo".

    Più una vigna nel luogo detto "Le Coste".

    Più una selva castagnale nel luogo detto "Cencipaglia".

- **Tommaso Dente,** faienzaro di 53 anni.

    Possiede una casa di quattro membri, soprani e sottani nel luogo detto "L'Olmo".

    Possiede una vigna nel luogo detto S. Antuoni.

- **Vincenzo Dente**, figlio di Tommaso, faienzaro, di anni 17.

Il Catasto Napoleonico Provvisorio – Stato di sezioni
Contribuzione Fondiaria, anno 1807 – Comune di Montefusco

L'ascesa di Napoleone in Europa segnò l'inizio di un periodo di cambiamenti ed innovazioni in ambito politico e sociale. Anche in materia catastale Bonaparte volle apportare miglioramenti ed in particolare ebbe l'idea di istituire un catasto unico per tutto l'Impero, un catasto che fosse di tipo geometrico, particellare e basato sul sistema metrico decimale: il cosiddetto "catasto francese napoleonico".

Il Catasto Napoleonico Provvisorio risale all'anno 1807 e contiene la nuova divisione in sezioni che venne fatta del territorio del Comune di Montefusco in base alla legge dell'8 novembre 1806, legge «in vigor della quale siamo chiamati a formare un quadro indicante la diversa divisione del territorio che distinguonsi col nome di Sezioni, tanto nella Città, quanto nella campagna». Il territorio fu allora diviso in sei Sezioni[13] . La divisione dettagliata e la toponomastica ottocentesca del territorio vengono riportati con precisione nell'appendice I.

Il formulario del Catasto Napoleonico è articolato in quattro riquadri in cui riporta specificamente *Nomi, professioni ed abitazioni de' proprietari e numero delle proprietà* (riquadro 1), *Estensione dei territori divisi in prima classe, seconda classe e terza classe* (riquadro 2), la *Rendita Netta Imponibile* (riquadro 3) e *Osservazioni finali* (riquadro 4). Dall'analisi attenta di tale formulario si evince chiaramente la presenza dei cretari a Montefusco confermando la presenza di alcuni già incontrati nel Catasto Onciario dei 1753 e segnalando la presenza di altri cretari, loro discendenti o consanguinei. Nello specifico, i cretari annotati nel Catasto Provvisorio Napoleonico sono:

- **Luigi Molone**, cretaro, possiede casa di un sottano nella Sezione dell'Abitato e un cerzeto sulla Strada Consolare. *Luigi era figlio di Pasquale, annotato nel Catasto onciario del 1753 e Teresa Dente.*

- **Nicola Manzo**, cretaro, possiede casa di due soprani e due sottani – *marito di Angela Dente, figlia di Vincenzo ed Aurelia Pennino e sorella di Francesco e Matteo, rovagnari, annotati nel Catasto onciario del 1753.*

---

[13] Le sei sezioni erano: 1) Sezione Domiciliaria-Abitato; 2) Camino Consolare; 3) Piana; 4) Valli; 5) Castello; 6) Cappuccini.

- **Pasquale Dente,** cretaro, possiede casa di due soprani e un sottano e casa di tre soprani e due bassi per uso del suo mestiere a Miero Sano. *Pasquale era figlio di Guglielmo e nipote di Matteo, rovagnari annotati nel Catasto Onciario del 1753.*

- **Modestino Dente**, cretaro, possiede casa di un soprano e due sottani per uso del suo mestiere nella Sezione dell'Abitato. *Modestino era figlio di Guglielmo, il rovagnaro indicato nel Catasto Onciario del 1753, ed è fratello del succitato Pasquale.*

- **Vincenzo Dente,** cretaro, possiede casa di due soprani e un sottano nella Sezione dell'Abitato. *Vincenzo è il figlio di Tommaso e, insieme al padre, sono annotati come faenzari nel Catasto Onciario del 1753.*

- **Crescenzo Dente,** cretaro, possiede casa di un soprano e un basso e casa di un sottano. *Crescenzo è il figlio del succitato Vincenzo e nipote di Tommaso, citati faenzari nel Catasto Onciario del 1753.*

Gli artigiani dediti alla terracotta/ceramica nel primo decennio dell'800 sono solo sei e vengono annotati sempre con la qualifica di cretari. Il dato è confermato dal riscontro effettuato con l'analisi minuziosa degli Atti dello Stato Civile che, nel primo decennio dell'Ottocento confermano la loro presenza, con qualifiche professionali pure diverse, però, indicandoli anche come rovagnari e faenzari. Oltre a loro, dai documenti dello Stato Civile del periodo, si evince pure la presenza di **Crescenzo Lombardi**, unico esponente della famiglia Lombardi annotato come cretaro e faenzaro e di **Nicola Manzo,** imparentato, per vincolo coniugale, alla famiglia Dente.

La Matrice di ruolo de' Fondi territoriali, Case, Molini, fabbriche, ecc… risultati dallo spoglio degli Stati di Sezione eseguiti in virtù della legge 8 novembre 1806 – Comune di Montefusco – anno 1808, conferma la presenza e il ruolo professionale dei suddetti artigiani e le loro proprietà integrando solo il complesso delle proprietà di Dente Vincenzo con una casa di due sottani. Infine, la compilazione dello Stato di Sezione del 20 luglio 1815 *Fatto in esecuzione del Real Decreto del 12 agosto e in conformità alle Istruzioni Ministeriali del 1 Ottobre 1809, per servire alla formazione del Catasto Provvisorio* è documento di particolare interesse perché integra le già note informazioni sui nomi dei cretari e sulle loro proprietà con le indicazioni precise riguardo all'ubicazione delle loro abitazioni e delle «case ad uso del mestiere» e, in dettaglio, documentando che:

- **Luigi Molone** aveva casa di due sottani ubicata "sotto San Giacomo"
- **Nicola Manzo** aveva proprietà "Sul Canale".
- **Modestino Dente** aveva proprietà a Miero Sano.
- **Crescenzo Dente** aveva proprietà a San Nicola.
- **Pasquale Dente** aveva proprietà situate a San Pietro e a Miero Sano.

Atti di stato civile del Comune di Montefusco[14]

Lo Stato Civile fu istituito da Gioacchino Murat in applicazione del codice Napoleonico con decreti del 22 e del 29 ottobre 1808. I documenti dello Stato Civile venivano prodotti in due copie, o meglio, in due originali, in quanto la seconda copia veniva manualmente trascritto[15]. Il primo originale veniva custodito nell'archivio del Comune di appartenenza del documento, mentre il secondo veniva consegnato al Tribunale di riferimento che, per Montefusco, è stato il Tribunale di Avellino, fino al 1865 e il Tribunale di Benevento, negli anni seguenti. L'intervallo temporale degli Atti di Stato Civile consultati in questo studio monografico, avendo come unico riferimento la consultazione presso gli Archivi di Stato, comincia dunque dal mese di agosto del 1809 e termina nel dicembre del 1865 per l'Archivio di Stato di Avellino. È questo infatti l'ultimo anno in cui tali documenti furono inviati dal Comune di Montefusco al Tribunale irpino. Dopo l'Unità nazionale è il Tribunale di Benevento, istituito con regio decreto il 6 dicembre 1865, a ricevere il secondo originale dei registri di Stato Civile dai comuni del suo circondario, tra cui Montefusco. Il complesso documentale fu custodito nei locali della prima sede del Tribunale, il convento di San Domenico,

---

[14] Tutti i documenti dello Stato Civile qui menzionati sono stati consultati nell'Archivio di Stato di Avellino, dove vengono correttamente conservate le copie dei registri dello Stato Civile della Provincia, copie versate al Tribunale competente. Gli originali di tali registri sono custoditi presso l'Archivio Storico del Comune di Montefusco, nei locali dell'attuale sede Comunale, dove però alla scrivente non viene concesso l'accesso ai fini della consultazione.

[15] Tra l'originale e la trascrizione dell'originale è possibile pure che ci siano differenze, a volte pure rilevanti, come nel caso, già presentato, della copia del Catasto Onciario del 1753, in cui il cognome di Saverio Manzo era stato modificato in Saverio Mottola.

dove tali uffici restano fino al 1982 quando furono trasferiti nel nuovo edificio di via De Caro, lasciando negli scantinati del convento, danneggiato dal sisma del 1980, parte del loro archivio. La documentazione recuperata e versata all'Archivio di Stato nel 1987 copre, con numerose lacune, gli anni dal 1861 al 1942. Mancano del tutto i registri delle pubblicazioni, dei matrimoni e delle morti del periodo 1861-1930 e, nonostante reiterati tentativi fatti dall'Archivio di Stato per appurare se e dove siano conservati tali documenti, il Tribunale di Benevento non è stato finora in grado di fornire notizie certe al riguardo.

In riferimento ai documenti dello Stato Civile, il presente studio è stato realizzato dunque presso l'Archivio di Stato di Avellino con la consultazione degli originali cartacei degli Atti di nascita, degli Atti di Matrimonio e degli Atti di Morte di tutto il periodo compreso tra l'agosto 1809 e il mese di dicembre del 1865, e, con la consultazione della riproduzione digitale dei documenti fornita dall'Archivio di Stato di Benevento, per gli Atti di Matrimonio e gli Atti di Morte del periodo 1931-1942.

Gli Atti di Morte del Comune di Montefusco (anni 1809-1865)

I primi registri dello Stato Civile consultati in questo studio sono stati i registri degli Atti di Morte, essendo essi in grado di dare indicazioni sulla vita, sulla condizione familiare e sulla professione dei soggetti considerati. In definitiva, nei 55 registri consultati[16], in riferimento all'intervallo temporale predetto, gli artigiani-artisti appartenenti alla generica categoria dei cretai, e occasionalmente definiti pure rovagnari e faenzari, vengono menzionati ben 238 volte, essendo presenti in questi atti molto spesso in qualità di testimoni alla registrazione dell'evento luttuoso, ed essendo prevista pure in questo caso l'annotazione riguardo alla loro condizione professionale. I ceramisti annotati in tali atti sono 26. Alcuni di essi sono già stati annotati nel Catasto Onciario del 1753, gli altri sono loro figli e nipoti, come ha confermato il complesso lavoro di ricerca ed incrocio dei dati tra i vari Registri dello Stato Civile, e con l'ausilio pure delle accurate annotazioni degli *Status Animarum* del tempo, ancora conservati nell'archivio parrocchiale di Montefusco. I soggetti menzionati appartengono alle già citate famiglie che a tale arte si dedicavano, e cioè la famiglia Dente (vengono men-

---

¹⁶ Nell'archivio di Stato di Avellino mancano e/o non sono consultabili perché troppo deteriorati i registri degli Atti di Morte degli anni 1813 e 1814.

zionati Pasquale, Crescenzo, Modestino, Tommaso, Carmine, Gaetano, Nicola, Vincenzo, Domenico, Pietro, Guglielmo, Giuseppe, Francesco Saverio, Antonio, Giovanni e Crescenzo), la famiglia Molone/Melone[17] (vengono nominati Luigi e Francesco), la famiglia Manzo (Nicola, Domenico, Francesco e Giuseppe). Sono inoltre annotati, come cretai, pure Crescenzo Lombardi negli anni dal 1817 al 1820 e Gennaro Leggiero, di cui viene fatta una sola menzione nel 1861 e del quale non è stato possibile ricostruire, nel complesso documentale indicato, il percorso di vita e professionale. Degna di nota e di particolare valore è invece l'annotazione di "faenzara" destinata a tre donne: Teresa Calabrese (moglie di Luigi Melone), Annamaria Ciampo (moglie di Pasquale Dente) e Carmela De Vito (moglie di Gaetano Dente) che, pur restando vincolate ad un ambito familiare dedito a tale attività, hanno probabilmente rivestito un significativo ruolo in tale ambito, per aver meritato tale qualifica.

La già corposa mole dei documenti consultati è stata completata, per le necessarie integrazioni e gli utili raffronti, dai 57 Registri degli Atti di Nascita e dai 57 Registri degli Atti di Matrimonio, per quanto riguarda gli Atti di Stato Civile e dagli innumerevoli documenti consultati nell'Archivio Parrocchiale di Montefusco, di cui si fa dettagliata menzione nel successivo paragrafo dedicato a tale argomento

L'analisi accurata dei vari faenzari, cretari e rovagnari viene dettagliatamente descritta nelle varie schede biografiche di seguito presentate. La marcata caratteristica di tradizione familiare di tale forma di lavorazione, ha inoltre reso opportuna ed interessante tracciare la linea genealogica attraverso cui questa particolare arte è stata tramandata e i particolari legami familiari attraverso cui essa si è diffusa.

Gli Atti di Matrimonio del Comune di Montefusco (anni 1809-1865)

Gli Atti di Matrimonio sono molto utili per definire i legami parentali di tipo orizzontale tra le diverse famiglie montefuscane del tempo e sono particolarmente efficaci nel chiarire gli intrecci parentali, e le dinamiche consuete di trasmissione dell'attività lavorativa che veniva insegnata e trasmessa molto spesso proprio nel contesto familiare.

---

[17] Il cognome Molone, molto spesso, e in riferimento alla stessa persona, viene trascritto nella forma Melone, o addirittura, ma più raramente Milone, sia nei documenti dell'archivio parrocchiale che nei documenti dello Stato Civile.

L'indicazione abbastanza dettagliata dei dati anagrafici dei contraenti il matrimonio e, molto spesso dei loro genitori, oltre all'indicazione della loro condizione professionale, sono dati e riscontri fondamentali in tale ricerca.

Gli Atti di Nascita del Comune di Montefusco (anni 1809-1865)

Gli Atti di Nascita custoditi nell'Archivio di Stato di Avellino sono stati particolarmente utili per chiarire le dinamiche di discendenza diretta tra i vari faenzari e cretai, consentendo quindi di delineare linee genealogiche precise e dinamiche di discendenza verticale ben chiare nella successione dell'eredità familiare di tale arte all'interno delle varie famiglie. Tali Atti, per la complessità della consultazione e per una maggiore certezza delle informazioni ottenute, sono stati confrontati con i documenti e le certificazioni varie custodite nell'Archivio Parrocchiale di Montefusco.

I documenti dell'Archivio Parrocchiale dall'anno 1579

– Liber Baptizatorum – Libri dei confirmati – Maritaggi – Licenze di Matrimonio – Atti di Matrimonio – Libri dei defunti – Status animarum- Libri delle Esazioni, Inventari ed Atti vari delle Chiese di S. Maria de La Platea – S. Pietro de' Ferraris – S. Nicola de' Franchis – S. Bartolomeo

Fondamentali, nella trama complessa di questa ricerca, sono stati i documenti dell'Archivio Parrocchiale di Montefusco che, grazie alla incoraggiante disponibilità dell'allora parroco, Padre Antonio Salvatore, e del suo gentile collaboratore, Antonio Parente, ho potuto agevolmente consultare nei mesi di maggio e giugno 2017. Tali documenti sono stati redatti da Parroci e Sacerdoti del tempo passato e descrivevano, pur nella rigidità dei formulari canonici, la vita della modesta comunità montefuscana. Libri dei Battezzati, Libri dei Confermati, Licenze di Matrimonio, Atti di Matrimonio e Atti di Morte annotano, con sufficiente chiarezza, le informazioni interessanti per la Chiesa, in una sorta di anagrafe religiosa che, per ogni parrocchiano prendeva in considerazione lo scrupoloso assolvimento dei doveri religiosi. La presentazione al sacro fonte per il sacramento del Battesimo avveniva solitamente entro pochi giorni dalla nascita e venivano frequentemente annoverati, oltre ai nomi dei genitori, pure quelli dei padrini, e così pure spesso per il sacramento della Confermazione che avveniva spesso intorno ai 10 anni. Con dovizia di particolari viene poi compilato l'Atto di Morte di ogni parrocchiano, avendo cura di annotare l'avvenuta soddisfazione di tutta la ritualità sacramentale prevista – confessione, comunione, estrema unzione – che poteva consentire la sepoltura nelle Chiese, pure questa accuratamente annotata. Mancano totalmente, in questi documenti, i riferimenti alle professioni, o ad eventuali posizioni e/o ruoli sociali assunti dai soggetti presi in considerazione, ad eccezione di qualche titolo di riguardo riservato a pochi notabili. Comprensibile tale omissione negli Atti di questo tipo che consideravano solo il punto di vista religioso e l'assolvimento degli obblighi sacramentali in tale formulazione. Particolarmente utili sono stati poi, nel contesto di questa ricerca, gli Stati delle Anime, gli elenchi che annualmente il Parroco compilava durante le benedizioni pasquali, annotando, per ogni casa visitata, il nome dei proprietari, o degli affittuari, di tutti i componenti il nucleo familiare, del legame con il capofamiglia e della loro età, a volte graficamente annotando pure l'assolvimento al dovere sacramentale della comunione e della cresima. Gli Stati delle Anime delle Parrocchie indicate sono stati fondamentali e, pur nel rigoroso schematismo imposto, hanno definito con precisione le strutture familiari e i vincoli parentali significativi in tale ricerca, rivelando a volte legami e dinamiche non facilmente intuibili dagli Atti delle Stato Civile. I libri delle Esazioni infine, con le loro dettagliate descrizioni delle Chiese del tempo, delle loro caratteristiche architettoniche, dei loro paramenti, delle suppellettili sacre e dei corredi pregiati posseduti, consentono di conoscere meglio ed apprezzare il valore, oltre che di tali pregiati beni monumentali, pure delle ritualità liturgiche e delle tradizioni a cui la comunità montefuscana era legata, patrimonio del cuore che la memoria comunitaria sta ormai inesorabilmente perdendo.

Antichi documenti

Capitolo II

Faenzari, cretai e rovagnari a Montefusco 1753 - 1865

Gli artigiani – Le famiglie

Questo studio monografico alla ricerca dell'antica arte dei faenzari e dei ceramisti montefuscani rappresenta solo la prima parte, inevitabilmente incompleta, dello studio complessivo che si vuole realizzare sull'argomento. L'opera è infatti strutturata sulla trama della ricerca archivistica e documentale attualmente realizzata dalla scrivente solo in parte. Il reiterato diniego alla consultazione degli Atti dello Stato Civile del Comune di Montefusco non ha consentito di completare la ricerca nell'arco temporale più ampio e ritenuto di grande interesse per la definizione di tale arte.

Confidando nella saggezza degli uomini e del tempo, si auspica il doveroso e giusto consenso alla consultazione per il completamento di tale ricerca e la realizzazione dell'edizione definitiva di tale studio che custodisce e tramanda la preziosa memoria di questa antica arte montefuscana

Dall'analisi del complesso documentale dettagliatamente presentato nel primo capitolo di questo studio monografico, dal confronto, dall'integrazione e dall'incrocio di tali dati, è stato finalmente possibile ricostruire il profilo dei singoli faenzari e le dinamiche familiari e sociali che sottendono a tale lavorazione artistico-artigianale nella Montefusco del XVIII e del XIX secolo.

Erano tanti i montefuscani che si dedicavano all'attività e all'arte della ceramica: cretari, rovagnari e faenzari, che nei secoli scorsi hanno animato gli ombrosi vicoli montefuscani con la loro attività dedita alla produzione di utensili, stoviglie ed oggetti in creta per il normale uso quotidiano, a volte impegnati in produzioni più raffinate, colorate ed esteticamente pregevoli. Fanciulli, poco più che bambini, giovani ed anziani, insieme impegnati nelle scure grotte o vicino alle calde fornaci, affaccendati in un'attività che spesso era patrimonio di famiglia, trasmissione naturale come l'eredità del sangue e del nome. L'arte della lavorazione della ceramica veniva trasmessa nell'ambito familiare ed i principi della lavorazione erano, a Montefusco, come in tanti altri borghi del tempo, nozioni apprese e tramandate dai padri e dai nonni nella dinamica di una situazione familiare in cui il padre, il nonno o anche il parente anziano, era maestro di vita e di mestiere. Così è effettivamente successo per le famiglie dei cretari e dei faenzari montefuscani. Lo studio e l'illustrazione della discendenza genealogica dei soggetti individuati è di per sé molto chiaro nel riconoscere il legame familiare intercorrente tra i vari artigiani, ma l'integrazione e l'approfondimento con le fonti storiche dell'Archivio Parrocchiale, gli Stati delle Anime in particolar modo, hanno definito ulteriormente l'articolazione e la complessità dei vincoli familiari nella pratica e nella trasmissione di tale arte. Nell'intento di offrire, con questo studio, un quadro sufficientemente chiaro dell'attività ceramica montefuscana nel suo complesso, e nel cercare di individuare e ricordare chi a tale arte si dedicava, nelle pagine seguenti verranno dunque dettagliatamente presentate e analizzate le figure dei vari artigiani, schematizzando in singole schede biografiche, l'insieme delle informazioni desunte sul loro conto. Successivamente verranno descritti graficamente i rapporti tra loro intercorrenti visualizzandoli con l'elaborazione di uno schema genealogico. Infine verrà considerata la famiglia di appartenenza nella sua globalità integrando i dati ottenuti con ricerche di tipo bibliografico ed etnografico.

Importante ricordare che nello schema grafico si riportano solo i nomi dei figli dediti all'attività di ceramisti, mentre nelle schede biografiche vengono annotati i nomi di tutti i figli di cui si ha notizia. I ceramisti analizzati sono tutti i ceramisti nominati nei documenti consultati. Essi sono stati raggruppati per famiglia, in quanto, come detto, tutti facenti parte di reti familiari definite.

La famiglia Dente

Anfora a due anse con collo strombato
realizzata da Pietro Dente (B 14) e datata 1914
(collezione privata)

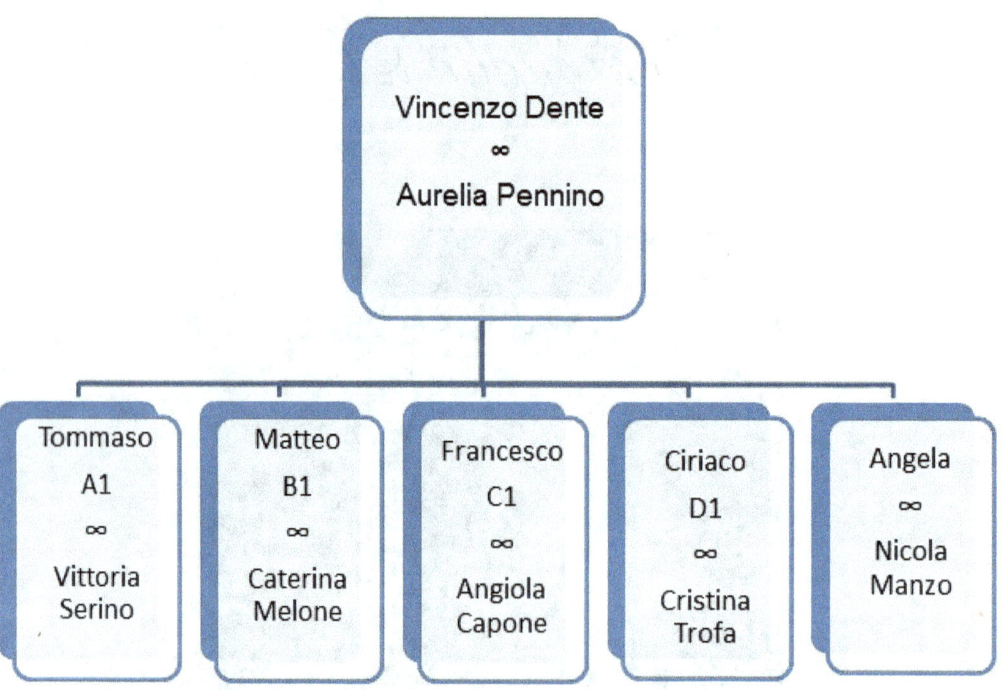

Nel Catasto Onciario del 1753 vengono censiti:

- **Francesco Dente**, rovagnaro, di anni 54.
- **Giuseppe Dente,** figlio di Francesco, rovagnaro, di anni 14.
- **Matteo Dente,** rovagnaro, di anni 50.
- **Guglielmo Dente,** figlio di Matteo**,** rovagnaro, di anni 23.
- **Ciriaco Dente**, pignataro, di anni 43.
- **Tommaso Dente,** faienzaro di 53 anni.
- **Vincenzo Dente**, figlio di Tommaso, faienzaro, di anni 17.

Francesco, Matteo, Ciriaco e Tommaso erano fratelli, tutti figli di Vincenzo ed Aurelia Pennino, che risiedevano in via San Pietro de' Ferraris. Pur con qualifiche diverse, essi sono i primi artigiani della famiglia Dente, chiaramente definibili dai documenti consultati. Nelle schede biografiche, e nella visualizzazione grafica dei numerosi discendenti di Tommaso e Matteo che si dedicarono negli anni successivi a tale attività, si intuisce il ruolo importante di questa famiglia nel contesto della produzione della ceramica montefuscana, a conferma del ruolo e dell'importanza che la famiglia Dente aveva rivestito, a Montefusco, e non solo, già negli anni precedenti.

Tommaso Dente

Tavola 2 Famiglia Dente: <u>Tommaso Dente</u> (Linea gerarchica A)

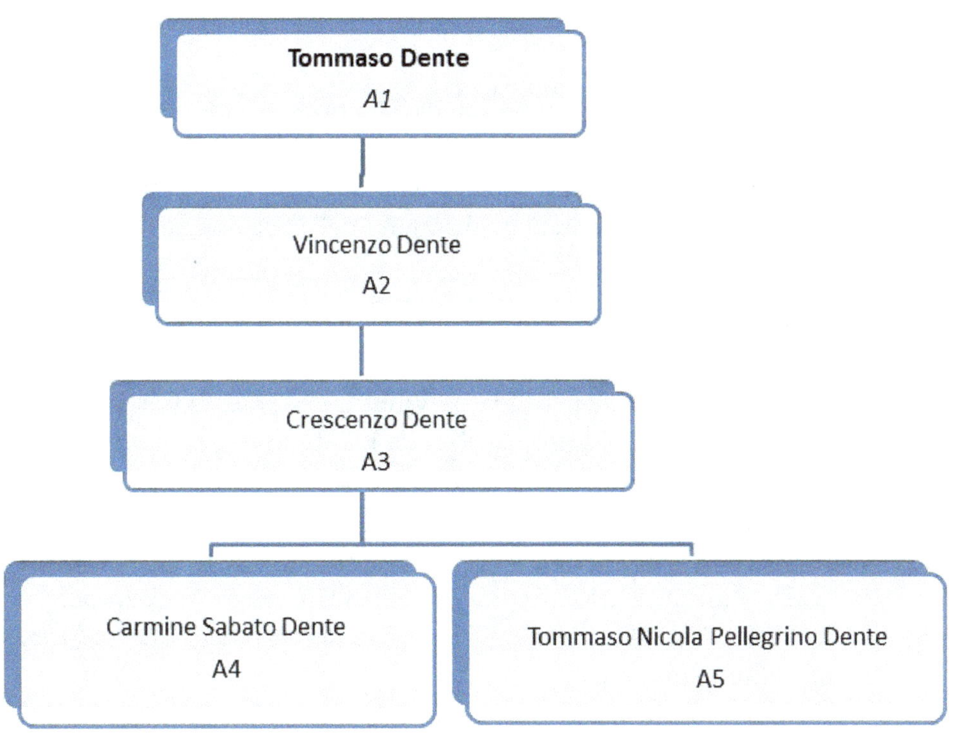

Schede biografiche

A1 - Tommaso Dente

- Nacque presumibilmente nel 1710 da Vincenzo e Aurelia Pennino.
- Ricavava dal suo mestiere di faenzaro 12 once.
- Sposò Vittoria Serino.
- Padre di Vincenzo, faenzaro, pure lui e di Sapia, Vittorio, Crescenzo e Lucia.
- Risiedeva all'Olmo e le notizie riguardanti la sua famiglia sono tratte dallo *Status Animarum* delle Parrocchia di S. Nicola De Franchis dell'anno 1781.

A2 - Vincenzo Dente

- Nacque presumibilmente nel 1736 da Tommaso e Vittoria Serino.
- Ricavava dal suo mestiere 6 once.
- Sposò Antonia Cantone ed ebbe almeno due figli, Crescenzo e Lucia.
- possiede casa di due soprani e un sottano nella Sezione dell'Abitato.

A3 - Crescenzo Dente

- Nacque probabilmente nel 1757 da Vincenzo e Antonia Cantone.
- Domiciliato all'Olmo, sotto San Nicola De' Franchis, possiede casa di un soprano e un basso e casa di un sottano.
- Sposò Angela Lombardi ed ebbe numerosi figli: Carmine nel 1799, Tommaso nel 1801, Maria Maddalena nel 1809, Maria Rosa nel 1812, Caterina nel 1815, Vincenzo nel 1819, Nicola nel 1821 e infine Angelantonio.
- Muore il 29/1/1849, all'età di 92 anni. Sul Registro degli Atti di Morte viene definito "massaro".

A4 - Carmine Sabato Dente

- Nacque a Montefusco il 21/ 09/1799 da Crescenzo Dente e Angela Lombardi.

- Insieme al fratello Tommaso, continuarono l'attività paterna, restando domiciliati all'Olmo.
- Il 16/11/1827, all'età di 28 anni, sposa Carolina Feconda Trofa, figlia di Tommaso, aiutante delle prigioni, anch'ella domiciliata all'Olmo. Dal matrimonio nacquero Domenico, che non continuerà l'attività paterna, ma svolgerà la professione di scribente, sposando Luisa Aufiero nel 1855, e Assunta che sposerà, nel 1865, il barbiere Leopoldo Manganiello.
- Carmine muore a Montefusco il 18/01/1860.

A5- Tommaso Nicola Pellegrino Dente

- Nasce a Montefusco il giorno 1/11/1801 da Crescenzo, faenzaro e Angela Lombardo.
- Negli Atti dello Stato Civile, dove compare molto spesso in qualità di testimone, viene definito "faenzaro" dal 1824 al 1827 e "proprietario" negli anni successivi.
- Nel 1825 sposò Agnesa Ciampo, figlia di Carmine Ciampo, proprietario domiciliato alla Villa e, rimasto vedovo di Agnesa, morta il 3 /12 /1855, nei giorni del colera, sposò, in seconde nozze, il 6/12/1858, Orsola Recine, vedova di Pietro Dente.
- Dal matrimonio con Agnesa Ciampo nacquero due figli, Maria Carmela nel 1828 e Angelo, nel 1838. Angelo verrà annotato come proprietario.

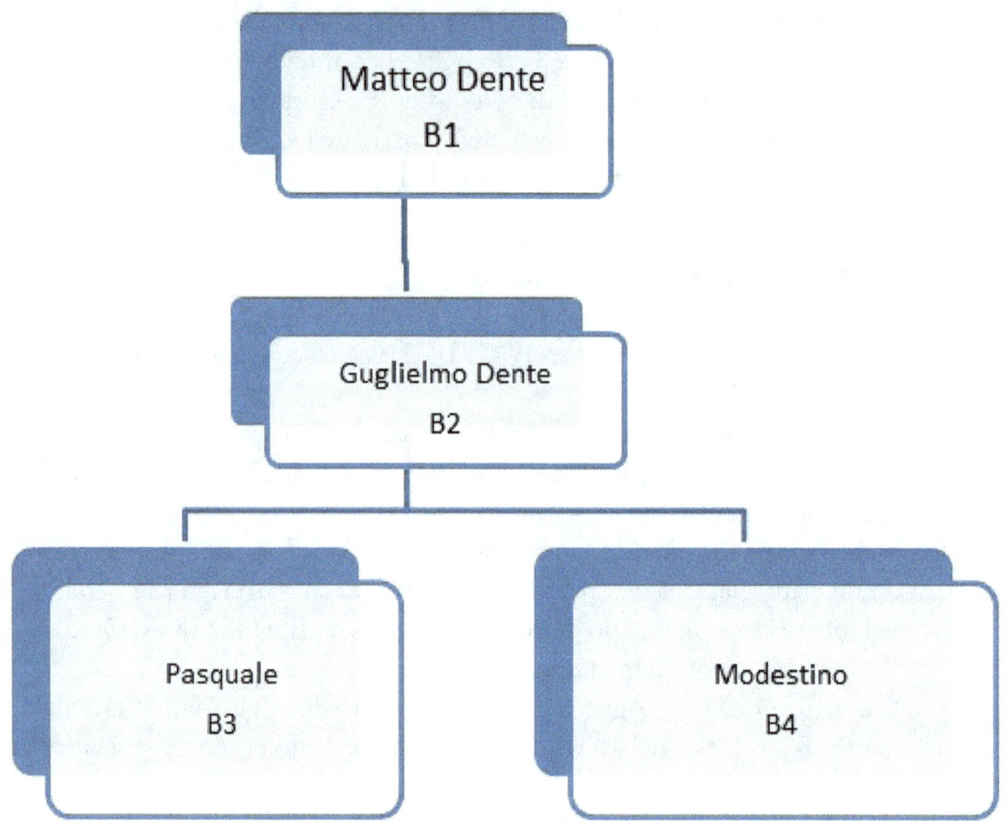

Schede biografiche

B1- Matteo Dente

- Nacque presumibilmente nel 1713, poiché nel catasto Onciario del 1753, la sua età era di 40 anni.
- Sposò Caterina Melone, definita però nello *Status Animarum* del 1744 Caterina Molone, ed ebbero almeno 5 figli: Guglielmo, nato nel 1732, definito negli Atti prima rovagnaro e poi faienzaro, Crescenzo, che nacque nel 1737, Francesco Saverio nel 1740, Pasquale, che morì a 7 mesi e Grazia.

- Nel catasto Onciario viene definito *rovagnaro* ed aveva una *casa per uso del suo mestiere* nel luogo detto Mierosano confinante con i beni di Ciriaco Dente e ricavava dal suo mestiere 12 once.
- Era figlio di Vincenzo Dente ed Aurelia Pennino e fratello di Angela, Ciriaco, Tommaso, Francesco, Rosa, Domenico.
- Cognato di Nicola Manzo, marito della sorella Angela.

B2– Guglielmo Dente

- Nacque presumibilmente intorno al 1732 da Matteo e Caterina Molone.
- Inizialmente rovagnaro insieme al padre nella bottega a Mierosano, in seguito negli Atti dello Stato Civile venne definito faienzaro.
- Sposò Carmina De Luca ed ebbero almeno 4 figli: Pasquale, Teresa , Modestino e Gaetano che morì a 4 mesi.
- Guglielmo morì il 15/11/ 1808.

B3 - Pasquale Dente

- Nacque presumibilmente nel 1757 da Guglielmo e Carmina De Luca.
- Viene annotato molto spesso come testimone negli Atti di Morte e viene annotato come rovagnaro, cretaro e faenzaro.
- È domiciliato a Mierosano dove possiede casa di due soprani e un sottano e casa di tre soprani e due bassi per uso del suo mestiere.
- Sposò Annamaria Ciampo, una delle poche donne annotata negli Atti come faienzara. Dalla loro unione nacquero almeno quattro figli: Gaetano, Maria Saveria, Pietro Ciriaco e Nicola Antonio, tutti, tranne Maria Saveria, annotati in seguito, come faienzari.
- Pasquale muore, all'età di 76 anni, il 12/12/1833.

B4 – Modestino Dente

- Nacque presumibilmente nel 1763 a Montefusco, da Guglielmo e Carmina De Luca.
- Faenzaro. Domiciliato a Mierosano. Possedeva una casa di un sottano e due soprani per uso del suo mestiere nella sezione dell'Abitato.
- Sposò Alessandra Lombardi e dal matrimonio nacquero numerosi figli: Domenico, nel 1802, Carmine nel 1804, Giovanna nel 1805, Domenica

nel 1810, Domenica nel 1812, Giovanni nel 1815, Crescenzo Domenico nel 1819 e Grazia nel 1824.

- Muore all'età di 64 anni il 4/7/1827.

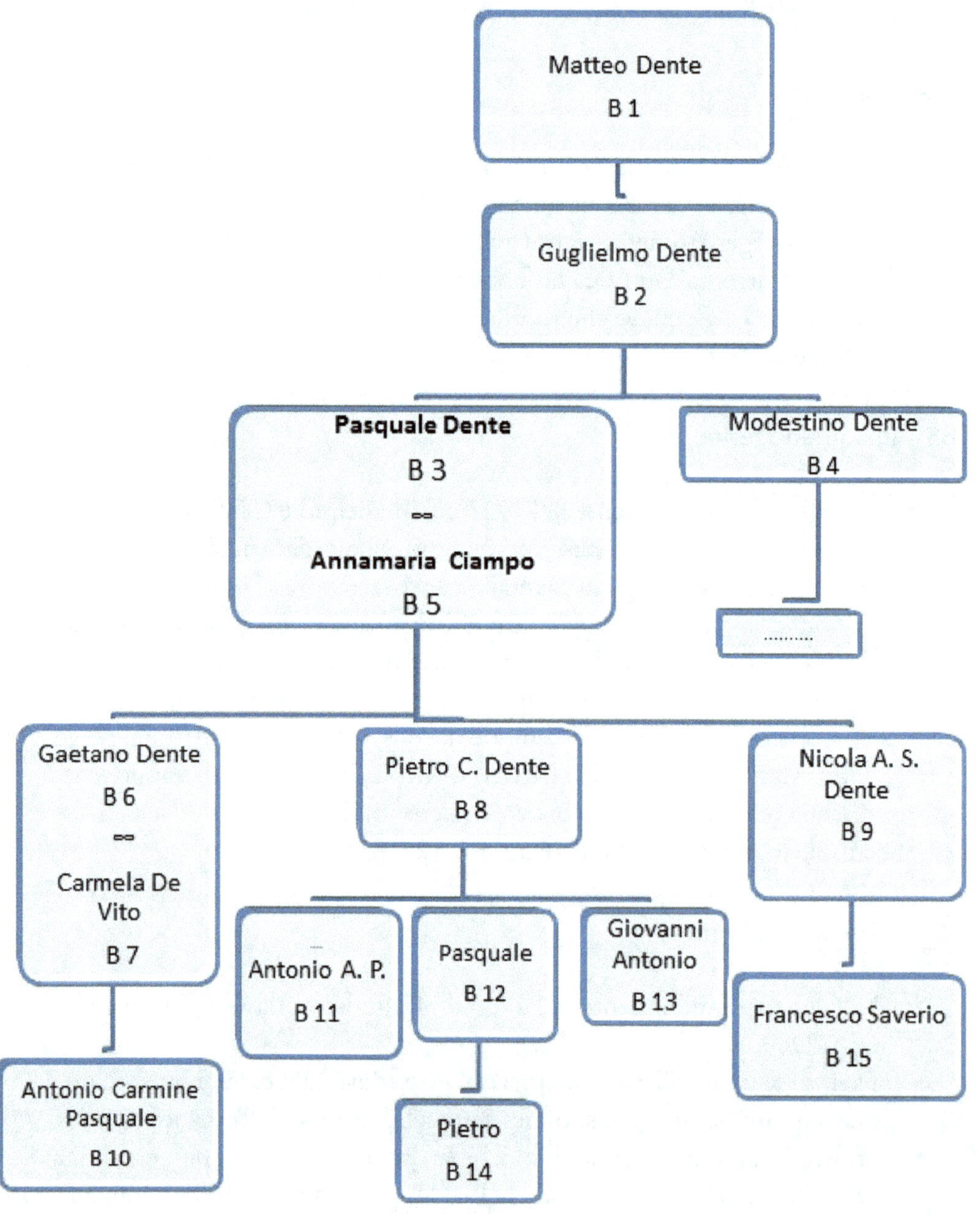

B3 - Pasquale Dente

- Nacque presumibilmente nel 1757 da Guglielmo e Carmina De Luca.
- Viene annotato molto spesso come testimone negli Atti di Morte e viene annotato come rovagnaro, cretaro e faenzaro.
- È domiciliato a Mierosano dove possiede casa di due soprani e un sottano e casa di tre soprani e due bassi per uso del suo mestiere a Miero Sano.
- Sposò Annamaria Ciampo, una delle poche donne annotata negli Atti come faienzara. Nacquero almeno quattro figli: Gaetano, Maria Saveria, Pietro Ciriaco e Nicola Antonio, tutti, tranne Maria Saveria, annotati in seguito, come faienzari.
- Pasquale muore, all'età di 76 anni, il 12/12/1833.

B 5 – Annamaria Ciampo

- Nacque presumibilmente nel 1759 da Nicola, massaro e Maddalena De Guglielmo.
- Sposò Pasquale Dente, di professione faenzaro, ed è una della tre donne definita negli Atti "faenzara".
- Madre di Pietro, Gaetano, Nicola e Maria Saveria.
- Morì il 5 /10/ 1832, all'età di 73 anni.

B 6 – Gaetano Dente

- Nasce presumibilmente nel 1796 da Pasquale e Annamaria Ciampo, entrambi faenzari.
- Viene definito sia cretaro che faenzaro.
- È domiciliato nella zona definita Canale.
- Sposò Carmela De Vito, che inizialmente sugli Atti dello Stato civile viene definita pizzillara e, successivamente, viene definita faenzara. Dal loro matrimonio nascono numerosi figli: Antonio, nel 1816, Maria Michela, nel 1817, Antonia nel 1819, Antonio nel 1821, Giovanna nel 1822 e Giovanni nel 1824.
- Gaetano morì all'età di 59 anni, il 14/2/1855

B7 – Carmela De Vito

- È una delle tre donne definite faenzare negli Atti dello Stato Civile, pure se, negli atti antecedenti al matrimonio viene definita pizzillara, e, solo successivamente, faenzara.
- Moglie di Gaetano Dente e madre di Antonio, nel 1816, Maria Michela, nel 1817, Antonia nel 1819, Antonio nel 1821, Giovanna nel 1822 e Giovanni nel 1824.
- Domiciliata al Canale
- Nel funesto novembre del 1855 contrasse il colera che imperversò a Montefusco, e ne morì il 24 novembre.

B 8 – Pietro Ciriaco Dente

- Nacque a Montefusco il 17 marzo 1801 da Pasquale e Annamaria Ciampo, faenzari.
- Faenzaro anch'egli, era domiciliato a Mierosano.
- Sposò, il 10 aprile del 1825 la montefuscana Mariangela Carmela Di Buono, figlia di Saverio, militare, e domiciliata al Carmine. Dal matrimonio nacquero: Giuseppe, nel 1826, Antonio nel 1827, Giuseppe nel 1829, Luisa nel 1831, Pasquale nel 1835 e Francesco Saverio nel 1837. Il 29 dicembre del 1837 Mariangela morì e Pietro, l'anno successivo, sposò in seconde nozze , Orsola Recine, vedova di 26 anni. Dal secondo matrimonio nacquero Carmine, nel 1840, Angelo nel 1841, Mariangela nel 1843, Giovanni, nel 1848 e infine Stella nel 1845.
- Pietro morì, all'età di 56 anni, il giorno 11/12/ 1856.

B 9 – Nicola Antonio Simone Dente

- Nacque a Montefusco il 28/10/1803 da Pasquale e Annamaria Ciampo, faenzari.
- Definito cretaro e faenzaro, era domiciliato a Mierosano.
- Il giorno 1/05/ 1830 sposò Rosaria Anna Manganiello di Montefusco, figlia del massaro Angelo. Dal matrimonio nacquero Angelo nel 1831, Lorenzo nel 1832, AnnaMaria nel 1833, Emanuela nel 1835, Fiorentina nel 1837, Flavia nel 1838, Francesco Saverio nel 1843, Antonia nel 1846, Flavia nel 1848, Carmela nel 1853 e infine Caterina nel 1855.

- Nicola morì il 30 novembre del 1855. La tragedia del colera devastò la sua casa. Il 26 novembre morì la figlia Carmela, di appena due anni, il 30 novembre, oltre allo stesso Nicola, morì il figlio Francesco Saverio, piccolo cretaio di 12 anni, e il 30 dicembre morì la piccola Caterina, di appena due mesi.

B10 - Antonio Carmine Pasquale Dente

- Nacque a Montefusco il 24 gennaio del 1821 da Gaetano e Carmela De Vito che, proprio sull'Atto di nascita di Antonio viene definita faenzara.
- Svolse la professione di cretaro e faenzaro a Montefusco.
- Il 27 /4/1845 sposò Maria Di Guglielmo. Maria in realtà viene indicata con tale nome solo sull'Atto di matrimonio, mentre negli altri atti viene sempre indicata con il nome di Carolina. Dal matrimonio nacquero Gaetana nel 1846, Gaetano nel 1849 e Giuseppe nel 1855. Il 17 gennaio 1859 Carolina morì e Antonio, rimasto vedovo, il 3 novembre dello stesso anno si risposò con Angela Maria Rosa Silvietta Acernese, vedova di 51 anni.
- Antonio morì all'età di 42 anni il 18 /8/1863.

B 11 – Antonio Abbate[18] Pasquale Dente

- Nacque il 13 aprile 1827 da Pietro, faenzaro e Mariangela Di Buono.
- Svolse la professione di cretaro e faenzaro.
- Il 18/11/1859 sposò la vedova Maria Saveria Romaniello, di professione contadina e nel 1862 nacque il figlio Pietro che però morì lo stesso anno.

B 12 – Pasquale Dente

- Nacque il 26 settembre del 1835 da Pietro e Mariangela De Buono.
- Svolse la professione di cretaro.
- Sposò Luigia Montuori e dal matrimonio nacquero Maria Carmela Filomena e Pietro.

---

[18] In alcuni atti il secondo nome non è Abbate, ma Sabato.

B 13 – Giovanni Antonio Dente

- Nacque a Montefusco il 21/07/1848 da Pietro e dalla seconda moglie, Orsola Recine.
- Ebbe vita breve, e morì a soli 7 anni, nel 1855.
- Nonostante la tenera età, sugli Atti venne definito cretaro.

B 14 - Pietro Dente

- Nacque a Montefusco il 22 gennaio 1873 da Pasquale e Luigia Montuori.
- Il 17/ 10/1895, all'età di 22 anni, sposò Concetta Annecchiarico. Dal matrimonio nacque Dario, presumibilmente nel 1905, che, nell'atto della prematura morte, avvenuta nel 1939, viene definito "bottaio".
- Negli atti dello Stato Civile viene definito cretaio e stovigliaio.
- Morì, a causa di una paralisi cardiaca, a Montefusco il 12 dicembre 1932.

B 15 – Francesco Saverio Dente

- Nacque il 25/2/1843 da Nicola, faenzaro e Rosaria Manganiello.
- Morì a soli 12 anni, il 30 novembre 1855, nei giorni del colera.
- Nonostante la giovane età, sugli atti viene definito cretaro.

Particolare dell'anfora con collo strombato
realizzata da Pietro Dente
(B 14) nel 1914
(collezione privata)

Modestino Dente

Tavola 5 Famiglia Dente: <u>Modestino Dente</u> (Linea gerarchica B)

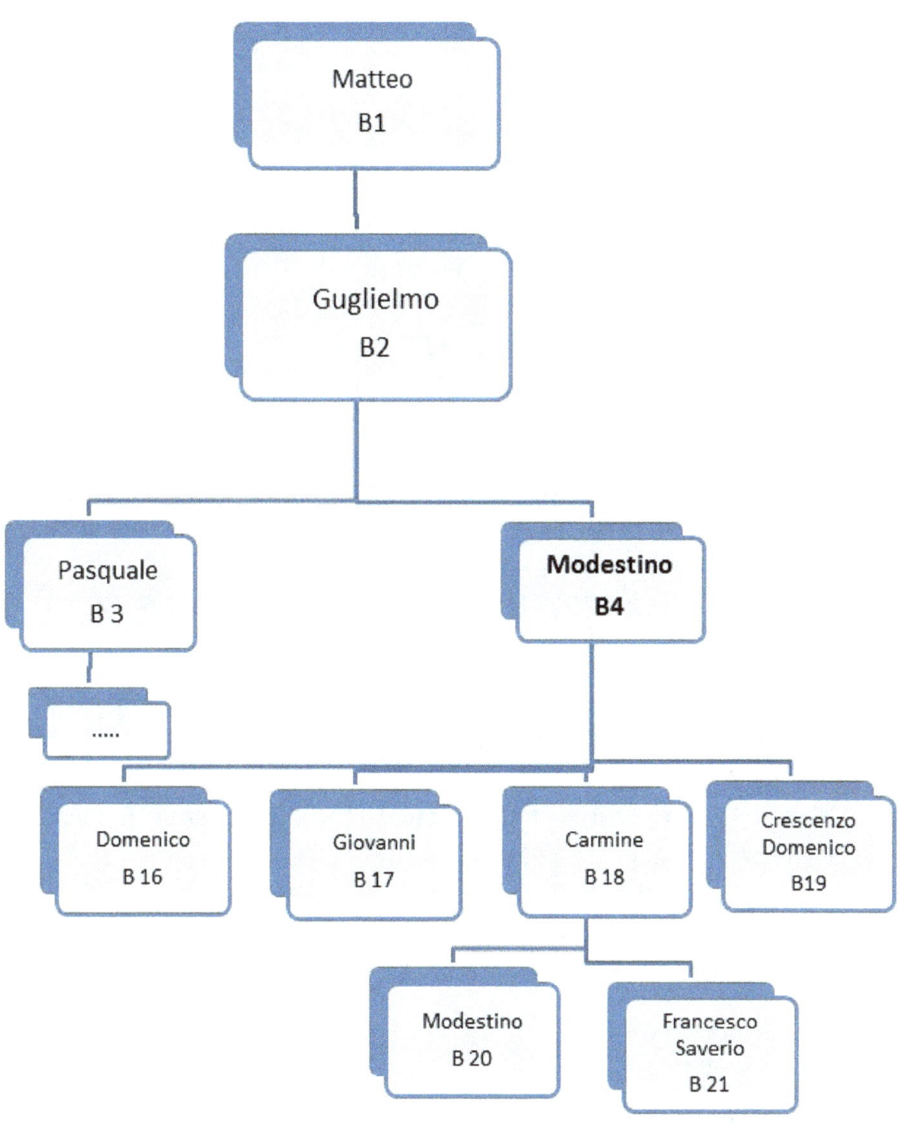

B4 – Modestino Dente

- Nacque presumibilmente nel 1763 a Montefusco, da Guglielmo e Carmina De Luca.
- Faenzaro.
- Domiciliato a Mierosano. Possedeva una casa di un sottano e due soprani per uso del suo mestiere nella sezione dell'Abitato.
- Sposò Alessandra Lombardi e dal matrimonio nacquero numerosi figli: Domenico, nel 1802, Carmine nel 1804, Giovanna nel 1805, Domenica nel 1810, Domenica nel 1812, Giovanni nel 1815, Crescenzo Domenico nel 1819 e Grazia nel 1824.
- Muore all'età di 64 anni il 4/7/1827.

B 16 – Domenico Dente

- Nacque presumibilmente nell'anno 1802 da Modestino, faienzaro e Alessandra Lombardi, domiciliati a Mierosano.
- Negli Atti dello Stato civile viene definito più volte faienzaro.
- Morì all'età di 57 anni, il 4 marzo 1859.

B 17 – Giovanni Guglielmo Crescenzo Dente

- Nacque a Montefusco il 18 agosto 1815 da Modestino e Alessandra Lombardi, domiciliati a Mierosano.
- Svolse la professione di faienzaro.
- Il 23/10/1856 sposò Carolina Oliviero, ma rimase presto vedovo e il 27 settembre 1865 si risposò con Lucia Lombardo, anch'ella vedova di 34 anni.

B 18 – Carmine Crescenzo Dente

- Nacque a Montefusco il giorno 8/06/1804 da Modestino, faienzaro e Alessandra Lombardi.

- Svolse la professione di cretaio e faienzaro a Mierosano.
- Il 30 settembre del 1831 sposò Petronilla Dente, figlia di Pietro e Paolina Bonito, bracciali, domiciliati anch'essi a Mierosano. Dal matrimonio nacquero Modestino, nel 1831, Lucia nel 1833, Maria Soccorsa nel 1835, Francesco Saverio nel 1839, Carolina nel 1842, Antonio nel 1847, Filomena nel 1848 e Giovanni nel 1850.

B 19 Crescenzo Domenico Dente

- Nacque a Montefusco il 4 agosto 1819 da Modestino e Alessandra Lombardi.
- Svolse la professione di cretaro.
- Morì nel 1855.

B 20 - Modestino Dente

- Nacque a Montefusco il 24/12/1831 da Carmine, faenzaro e Petronilla Dente.
- Negli Atti dello Stato civile fu definito contadino e cretaro.
- Il 25/08/1860 sposò Stella Manganiello e dal matrimonio nacque Antonia nel 1861, Carmela nel 1863 e Sabato nel 1864, annotato in seguito nei registri come bracciale

B 21 -Francesco Saverio Dente

- Nacque il 13/4 / 1839 da Carmine e Petronilla Dente
- Svolse la professione di cretaro.
- Morì il 26/9/1854, all'età di 15 anni.

Tavola 6 Famiglia Dente: <u>Francesco Dente</u> (Linea gerarchica C)

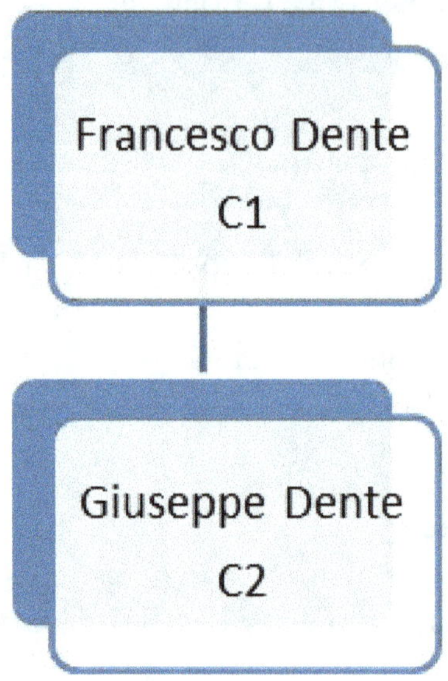

Schede biografiche

C 1 - Francesco Dente

- Nacque probabilmente intorno al 1710 da Vincenzo e Aurelia Pennino, fratello di Tommaso, Matteo e Ciriac.Viene definito rovagnaro nel Catasto Onciario del 1753.
- Possedeva una casa per uso del suo mestiere alla località "Lo Canale".
- Sposò Angiola Capone e dal matrimonio nacque Giuseppe nel 1740.
- Morì il 26 maggio 1762.

C2 - Giuseppe Dente

- Nacque probabilmente intorno al 1740 da Francesco e Angiola Capone.
- Rovagnaro insieme al padre nella località Canale, guadagnava dal suo mestiere 7 once.

Ciriaco Dente

Tavola 7 Famiglia Dente: <u>Ciriaco Dente</u> (Linea gerarchica D)

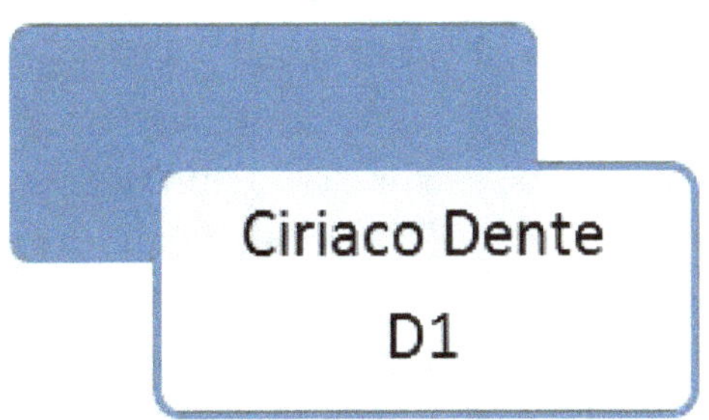

Scheda biografica D1 – Ciriaco Dente

- Nacque da Vincenzo e Aurelia Pennino presumibilmente intorno al 1710.
- È l'unico ad essere definito "pignataro" nel Catasto Onciario montefuscano del 1753.
- Possedeva una casa con grotte e largo in via San Pietro de' Ferraris, più terreno seminato nel luogo detto "Le fontanelle", più una selva castagnale nel luogo detto "La Piana", più due somari.
- Sposò Cristina Trofa e dal matrimonio nacquero Vincenzo, nel 1746, Giuliano nel 1748, e Saverio.
- Morì il 13 marzo 1758.

La famiglia Dente

Nel Catasto Onciario del 1753 sono ben 7 i ceramisti appartenenti alla famiglia Dente e cioè Matteo, Guglielmo, Ciriaco, Francesco, Giuseppe, Tommaso e suo figlio Vincenzo. Questi ultimi vengono definiti faenzari. Matteo, Guglielmo, Francesco e Giuseppe sono rovagnari, mentre Ciriaco era pignataro. Questo dato numerico indica una dedizione importante dei membri di tale famiglia a questa attività artistico-artigianale nell'anno in questione, ma la tradizione ceramica dei

Dente è ben più antica e sicuramente di ben più ampia diffusione rispetto al contesto esclusivamente montefuscano. Il professore Guido Donatone, attento studioso della maiolica popolare campana, documenta la presenza di un cretaio appartenente alla famiglia Dente a Vietri, nel 1625, quando «Gian Donato Dente fà società con Pietrantonio Russomando e Flavio Pinto, cretai… [per] gestire insieme, per un anno, la fornace per fare piatti»[19]. Nello stesso libro, inoltre, Donatone, teorizzando la dinamica mobilità dei vari faenzari e dei loro discendenti tra i vari centri ceramici campani, ha riconosciuto la presenza di membri della famiglia Dente, a Montefusco, come elemento qualificante della ceramica montefuscana[20], affermando testualmente: «la qualificazione delle botteghe maiolicare di Montefusco al tempo dell'Onciario, può desumersi dalla presenza, oltre che dei rovagnari, anche dei faenzari, tra cui alcuni della famiglia Dente, cognome di ceramisti, operanti nelle fabbriche seicentesche di Vietri». Nel 1707 una esponente della famiglia Dente, Candida[21], sposerà uno dei maggiori ceramisti campani del tempo, Donato Massa[22] di Pietrastornina, che realizzò, insieme al fratello Giuseppe, il famoso Chiostro di Santa Chiara a Napoli.

Tornando ai 7 Dente ceramisti nominati nel Catasto Onciario montefuscano, essi vengono censiti, con le diverse qualifiche di rovagnaro (4), pignataro (1) e faenzaro (2). Il primo nominato tra essi, Matteo, era figlio di Vincenzo Dente e Aurelia Pennino, e tra i suoi numerosi fratelli vi erano pure Ciriaco, Tommaso e Francesco, proprio il pignataro, il rovagnaro e il faenzaro successivamente citati. I ceramisti del periodo successivo, nominati e meglio individuati negli Atti dello Stato Civile, sono tutti discendenti diretti dai primi ceramisti considerati. I loro rapporti di parentela sono dettagliatamente descritti nelle tavole genealogiche precedentemente riportate, e sono sempre rapporti di discendenza diretta, a concreta testimonianza della trasmissione familiare di tale tradizione artistica

---

[19] GUIDO DONATONE, *Maiolica Popolare Campana*, Edizioni Banco di Napoli, 1976, Appendice IV – Documenti sulle industrie ceramiche nel Salernitano.

[20] *Ivi*, p. 39.

[21] Di Candida Dente, figlia del faenzaro Antonio e nipote di Orazio Dente, parla lo stesso Donatone a pagina 35 nel testo *La Farmacia degli Incurabili*, pubblicato a Napoli nel 1972.

[22] Donato Massa nacque a Pietrastornina dal padre Biagio nel 1677, vi restò fino al 1684, quando partì per Napoli ove già dimorava suo fratello Giuseppe; alcuni anni dopo nel 1695 tutta la famiglia dei Massa, si trasferì da Pietrastornina nel borgo Lauretano a Napoli. Nel 1707 sposò Candida Dente e nel 1740 i fratelli Giuseppe e Donato Massa portarono a termine il rivestimento del Chiostro di S. Chiara. A loro è attribuita pure la realizzazione del pavimento dell'ipogeo nella Chiesa di Santa Maria delle Anime del Purgatorio ad Arco.

artigianale, documentata, sempre in una linea di discendenza diretta, fino al 1939[23], quando viene riportata per l'ultima volta nei registri la definizione di cretaio per Pietro Dente, padre di Dario, lontano discendente proprio di quel Matteo che circa due secoli prima era stato censito nel Catasto Onciario.

Ancor più dei diretti rapporti di parentela e discendenza tra i vari cretai appartenenti a questa famiglia, appaiono significativi gli stretti vincoli di parentela che uniscono loro alle altre famiglie dei faenzari del tempo. Rocco Molone, faenzaro, nominato nel Catasto del 1753, era figlio di Camilla Dente, il faenzaro Luigi Melone, era figlio di Teresa Dente ma soprattutto Saverio Manzo era figlio di Nicola Manzo e di Angela Dente, sorella di Matteo e degli altri ceramisti nominati. Ipotizzabile dunque una trasmissione delle conoscenze di tale arte, pure attraverso percorsi familiari genealogici per via materna.

Importanti tracce della tradizione artigianale della famiglia Dente restano gli ultimi vasi prodotti da Pietro e ancora in possesso della famiglia, testimonianze silenziose di un passato importante da scoprire e da custodire.

---

[23] Si tratta dell'atto n. 13 del 9 giugno 1939, in cui viene registrata la morte di Dario Dente, bottaio di 34 anni, figlio di Pietro, definito appunto cretaio. È stato possibile consultare la versione digitalizzata dell'atto sul sito dell'Archivio di Stato di Benevento.

La famiglia Manzo

Tav. 8 Famiglia Manzo: <u>Saverio Manzo</u> (Linea gerarchica E)

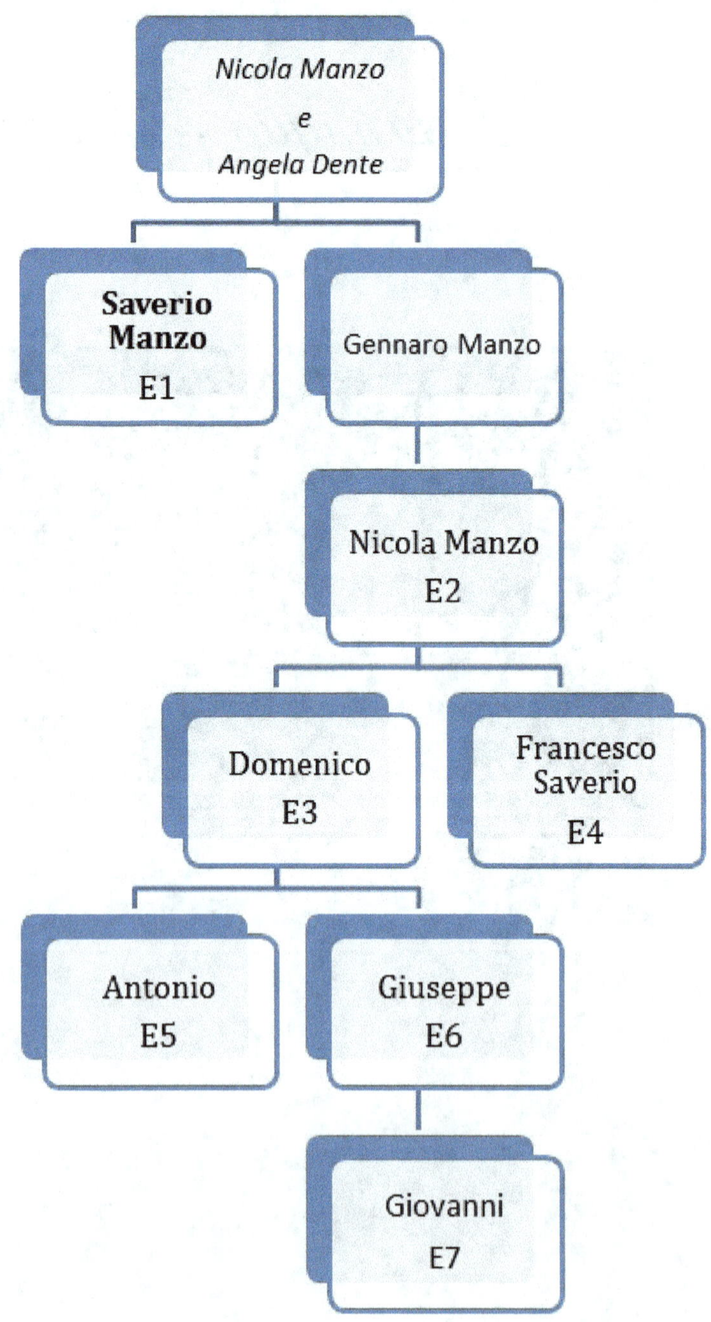

Schede biografiche

E1 - Saverio Manzo

- Nacque presumibilmente intorno al 1718, poiché nel Catasto Onciario del 1753 gli vengono attribuiti 25 anni, da Nicola e Angela Dente. Era nipote di Matteo, Ciriaco, Francesco e Tommaso Dente, i cretai nominati nel Catasto Onciario.
- Fu rovagnaro.
- Possedeva una bottega per uso del suo mestiere nella località detta Lo Canale e un somaro e teneva in fitto la casa per sua abitazione a San Pietro de' Ferraris.
- Marito di Vienna della Rena, ebbe due figlie femmine, Rosalia (Rosaria, nel Catasto Onciario), che nacque nel 1752 e morì a pochi anni e Nicoletta.

E 2 - Nicola Manzo

- Nacque a Montefusco, presumibilmente intorno al 1750, da Gennaro, fratello di Saverio, e Grazia Dell'Arena. Era dunque nipote di Nicola e Angela Dente.
- Fu cretaro e faenzaro.
- Sposò Caterina Trofa ed ebbero diversi figli: Domenico, Francesco, Maria Giuseppa, Giovanna e Carmine.
- Morì il 18 gennaio 1836.

E 3 - Domenico Manzo

- Nacque a Montefusco, il 28 giugno 1801, da Nicola e Caterina Trofa.
- Cretaro e faenzaro domiciliato al Canale.
- All'età di 21 anni, il 10/10/1822, sposò Maria Domenica Lepore(pure definita negli Atti Menechella), contadina, domiciliata a S. Egidio. Dal matrimonio nacquero Giuseppe, Antonio, Rosa, Luisa, Giuseppe, Caterina nel 1836, Caterina nel 1837, Salvatore e Francesco Saverio.

E 4 – Francesco Saverio Manzo

- Nacque a Montefusco il 24/9/1796 da Nicola e Caterina Trofa.
- Fu cretaio e faenzaro, domiciliato al Canale.
- Il 18/11/1824 sposò Maddalena Battimelli, di 26 anni, figlia di Giovanni, proprietario, domiciliato al Carmine. Dal matrimonio nacquero Adelaida nel 1827, Fiorentina nel 1829, Sebastiano nel 1835 e Saveria nel 1839.

E 5 – Antonio Manzo

- Il piccolo Antonio nacque nell'anno 1832 da Domenico e Maria Domenica Lepore
- Negli Atti venne definito cretaio.
- Morì all'età di 10 anni nel 1842.

E 6 - Giuseppe Manzo

- Nacque il 5/1/1830 da Domenico e Domenica Lepore.
- Svolse la professione di cretaio e faenzaro.
- Sposò, il 7/10/1851, Concetta Tino e dal matrimonio nacquero Salvatore nel 1852, Rosa nel 1854, Carmine nel 1857, Francesco Saverio nel 1860, Giovanni nel 1862 e Carolina nel 1864.

E 7 – Giovanni Manzo

- Nacque a Montefusco il 20 marzo 1862 da Giuseppe Manzo e Concetta Tino.
- Svolse la professione di faenzaro al Canale.
- Sposò Teresa Ciampi.
- Padre di Carmela Manzo che nacque a Montefusco il 5 maggio 1899, l'ultima commerciante di manufatti in creta ricordata dalla comunità montefuscana.
- Morì il 12 dicembre 1901 in U.S.A.

Orcio a due anse e collo stretto della fornace
della famiglia Manzo
(collezione privata)

La famiglia Manzo

Nella copia del Tribunale del Catasto Onciario del 1753, tra i vari ceramisti, viene nominato Saverio Mottola, rovagnaro di 25 anni. Le ricerche condotte nell'ampio complesso documentale dettagliatamente descritto nel primo capitolo non avevano però trovato alcun utile riscontro sulla sua presenza, rivelando subito notevoli difficoltà nello studio. L'analisi attenta, ulteriormente approfondita ha infine rivelato l'arcano dell'introvabile Saverio Mottola. Un banale errore di trascrizione sulla copia del Catasto prodotta ufficialmente per il tribunale riporta in maniera inesatta il cognome del rovagnaro Saverio. È Manzo il cognome giusto del venticinquenne rovagnaro, e non Mottola. Lo attesta lo *Status Animarum* della Parrocchia di Santa Maria della Piazza e di S. Pietro de' Ferraris dell'anno 1753, ed è stato decisivo il confronto con gli Atti dello Stato Civile, che riportavano con sufficiente precisione il nome della moglie e della figlia del rovagnaro: Vienna della Rena e la piccola Rosaria Manzo. Era Saverio Manzo, il rovagnaro venticinquenne e non Saverio Mottola, pure se, inequivocabilmente, sulla copia del Catasto, conservata nell'Archivio di Stato, il cognome trascritto è Mottola. Avendo poi avuto la possibilità di verificare indirettamente[24] la trascrizione originale del Catasto Onciario, la conferma è stata immediata: il rovagnaro venticinquenne è Saverio Manzo. La famiglia Manzo, strettamente imparentata con la famiglia Dente, e con i Dente cretari nominati nel Catasto Onciario, già nel 1753 praticava tale attività artigianale. Nel suddetto Catasto, infatti viene nominato Saverio Manzo, figlio di Nicola ed Angela Dente, appunto. Anch'egli era domiciliato a San Pietro de' Ferraris e aveva bottega nella località delle fornaci, al Canale. Dopo di lui, il nipote Nicola, figlio del fratello Gennaro, i figli di costui, Domenico e Francesco Saverio, e i nipoti, figli di Domenico, cioè Antonio, il piccolo cretaio morto a 10 anni e Giuseppe, che, insieme al figlio Giovanni, continuò a custodire e a praticare tale arte. È ancora presente nella memoria montefuscana il ricordo di Carmela Manzo[25], figlia di Giovanni Manzo,

---

[24] La possibilità di consultare direttamente i documenti dell'Archivio del Comune di Montefusco, mi è stata più volte negata. Indirettamente, però ho avuto notizia di tale trascrizione (Manzo e non Mottola) dalle informazioni fornite da Padre Antonio Salvatore, nel suo testo *Mons. Fusculi Meriggio e Crepuscolo di una Capitale*, specificamente nel paragrafo "Figuli e altri artigiani di Montefuscolo", a pagina 244, nella nota 32. Tali informazioni, come mi ha confermato pure successivamente, sono state desunte dall'originale del Catasto Onciario del 1753, credo conservata tra i documenti dell'Archivio del Comune di Montefusco.

[25] Carmela Manzo nacque a Montefusco da Giovanni e Teresa Ciampi, il 5 maggio 1899. Sposò

nipote di Giuseppe e ultima discendente della famiglia che ancora era dedita al commercio dei manufatti in creta e risiedeva al Canale.

La famiglia Molone/Melone

I cognomi Molone e Melone sono stati associati in questa trattazione in quanto, sui registri consultati e sui vari atti ufficiali, si fa riferimento alla stessa persona (inequivocabilmente alla stessa persona) utilizzando indifferentemente l'una o l'altra forma. A volte, nello stesso Atto, e sempre riferendosi alla stessa persona, si usano entrambe le forme Molone e Melone.

Raramente è presente pure la variante Milone.

Rocco Molone

Tavola 9: Famiglia Molone – <u>Rocco Molone</u> (linea gerarchica F)

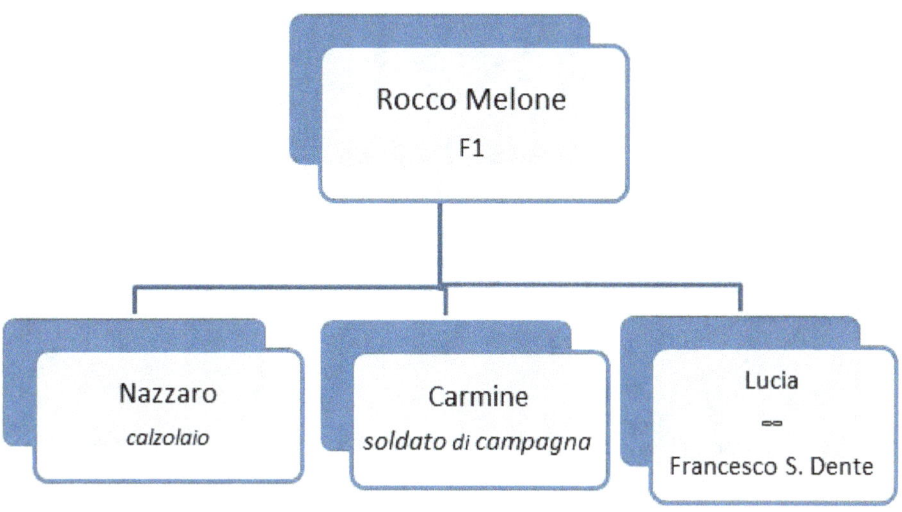

Carmine De Blasio e si dedicò alla professione di commerciante di manufatti in creta. Morì a Monterotondo (Roma) il 24 novembre 1985.

Scheda biografica

F1 - Rocco Molone

- Nacque presumibilmente nel 1678. Nel catasto Onciario del 1753, l'età annotata è di 75 anni. Era figlio di Giambatta e Camilla Dente.
- Sposò Angela Cornacchia ed ebbe almeno tre figli, Nazzaro, Carmine e Lucia. Nazzaro e Carmine non continuarono la tradizione artigianale del padre, diventando calzolaio, il primo e soldato di campagna il secondo, come documenta lo Stato delle Anime della parrocchia di San Nicola De' Franchis dell'anno 1781. La figlia, Lucia, sposò Francesco Saverio Dente, figlio di Domenico e nipote di Vincenzo e Aurelia Pennino.
- Era domiciliato all'Olmo dove possedeva una casa di quattro membri, soprani e sottani, con piccolo orto accosto. Possedeva inoltre una vigna nel luogo detto "Le Coste" e una selva castagnale nella località Cencipaglia.

Pasquale Melone

Tavola 10: Famiglia Melone: <u>Pasquale Melone</u> (Linea gerarchica G)

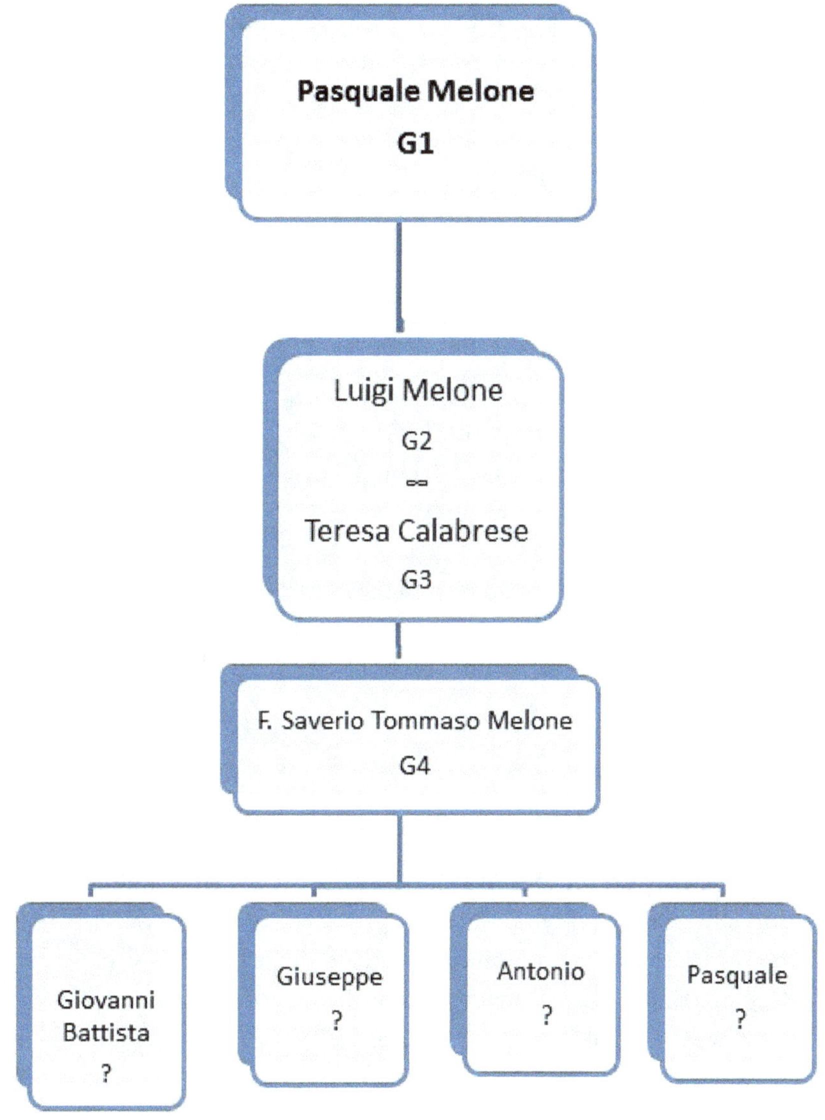

<h1 style="text-align:center">Schede biografiche</h1>

G 1– Pasquale Melone

- Nasce probabilmente intorno al 1720 a Montefusco.
- È annotato come rovagnaro nel Catasto Onciario del 1753.
- Sposato con Teresa Dente e padre di Antonio, Vittoria, Maria e Luigi.
- Possiede una casa per sua abitazione nel luogo detto Lo Piano.
  Più una selva castagnale.
  Più due somari.
  Tiene in fitto una camera per uso di vendere vino.

G 2 – Luigi Melone

- Nacque presumibilmente nel 1752.
- Era figlio di Pasquale, annotato nel Catasto Onciario del 1753 e Teresa Dente.
- Fu rovagnaro, cretaro e faenzaro.
- Sposò Teresa Calabrese, faenzara il 21 aprile 1782 e dal loro matrimonio nacque Francesco Saverio Tommaso, Angelo, Maria Carmela e Maria.
- Possedeva casa di un sottano nella Sezione dell'Abitato e un cerzeto sulla Strada Consolare.

G 3 – Teresa Calabrese

- Nacque presumibilmente intorno al 1760 dal bracciale Carmine e da Giovanna Manganiello.
- Sposò Luigi Melone e con lui risiedeva nella zona del Canale.
- Negli Atti dello Stato civile viene indicata come faenzara.
- Morì il 15/04/1832 a Montefusco, nella casa di sua proprietà.

G 4 – Francesco Saverio Tommaso Melone

- Nacque a Montefusco il 21/12/1796 da Luigi e Teresa Calabrese.
- Svolse la professione di cretaro e faenzaro.

- Domiciliato al Canale.
- Il 14 settembre 1822 sposò Raffaella Maria Carmela De Luca e dal matrimonio nacquero Giovanni Battista nel 1823, Giuseppe nel 1826, Antonio nel 1829, Maria Carmela nel 1832, Pasquale nel 1834 e Carolina nel 1840.

La famiglia Molone/Melone

Nel Catasto Onciario del 1753 sono ben 7 i ceramisti che hanno il cognome Molone/Melone, alcuni direttamente imparentati tra loro: Andrea e il figlio Gaetano, Giovanni e il fratello Saverio, e poi Giambatta, Pasquale e l'anziano faenzaro Rocco.

Il più anziano tra essi, il settantacinquenne Rocco, l'unico ad avere la qualifica di faenzaro, nacque probabilmente intorno al 1680. Il ritrovamento, tra i documenti seicenteschi dell'Archivio Parrocchiale, del suo certificato di cresima, ha permesso di risalire al nome dei suoi genitori, Giambatta e Camilla Dente, confermando, pure per la famiglia Molone, uno stretto vincolo di parentela con la famiglia Dente, vincolo consolidato poi dal matrimonio tra la figlia di Rocco, Lucia e il faenzaro Francesco Saverio Dente, figlio di Domenico e nipote dei faenzari e rovagnari Matteo, Ciriaco, Francesco e Tommaso. I Molone/Melone, rovagnari e cretai, residenti perlopiù nella zona San Nicola/Olmo, sembra abbiano diverse proprietà terriere tra selve castagnali e terreni arbustati. La tradizione familiare della produzione ceramica, evidentemente trasmessa nell'ambito familiare, ha visto una solida continuità intergenerazionale e la dedizione a tale forma artistica-artigianale per secoli.

Crescenzo Lombardi

Tavola 11: Famiglia Lombardi - <u>Crescenzo Lombardi</u> (Linea genealogica H)

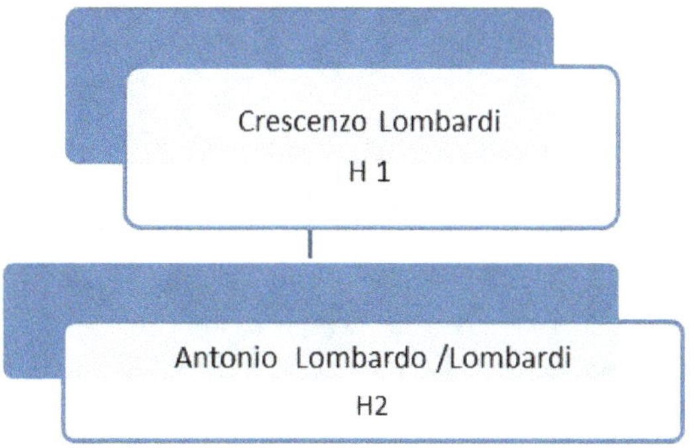

Schede biografiche

H 1 - Crescenzo Lombardi

- Nacque presumibilmente intorno al 1760.
- Cretaro e faenzaro domiciliato a S. Nicola/l'Olmo.
- Sposò Cecilia Bonito ed ebbe due figli, Francesco e Antonio
- unico Lombardi annotato nei registri come cretaro e faenzaro, in seguito diversi Lombardi/ Lombardo, tra cui il figlio Antonio, saranno annotati tra i secchiari.

H 2 - Antonio Lombardo

- Nacque probabilmente intorno al 1800 da Crescenzo e Cecilia Bonito.
- Nel 1828 viene annotato sui Registri degli Atti di Morte, in qualità di testimone, come faenzaro, ma in seguito verrà sempre annotato come secchiaro.

Gennaro Leggiero

Gennaro Leggiero viene nominato, nei registri degli Atti di Morte dello Stato Civile, una sola volta, in qualità di testimone, nell'anno 1861 e viene definito "cretaio". Di lui, nei registri, non viene annotato altro, non ci sono riscontri utili ad accertare la sua presenza in altri documenti, e dunque non è possibile costruire un profilo meglio definito per lui.

Capitolo III

…dove ardevano le fornaci…

I luoghi

Le produzioni

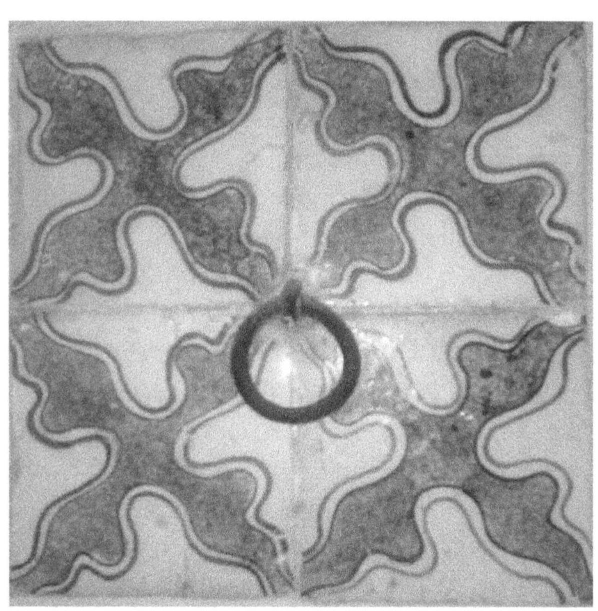

I luoghi

Il Catasto Onciario del 1753 riporta dettagliatamente non solo i nomi degli artigiani dediti alla produzione della ceramica, ma anche, e con precisione, i luoghi di residenza e, dato particolarmente interessante ai fini di questo studio, pure i luoghi in cui essi si dedicavano a tale attività, le cosiddette "case ad uso del mestiere", definite a volte botteghe, o pure, molto spesso, indicate come "grotte". Esse erano ubicate nella località detta "Il Canale", o anche "Sul canale", allora "terreno arbustato", e oggi sinuosa stradina che si inerpica sul versante orientale della montagna montefuscana e che collega la strada provinciale proveniente dalla contrada di S. Egidio al più centrale viale Kennedy. Nei luoghi delle vecchie fornaci e delle botteghe, allora dislocate lungo la via dell'antica Porta Canale, si ritrova una armoniosa fontana ad archi dove silenziosamente ancora scorre una venatura di acqua che sorge dalla roccia soprastante e, nei pressi, sul ciglio scosceso, una verde piana e una fitta vegetazione. La presenza di una sorgente d'acqua, elemento fondamentale nella lavorazione dell'argilla e per la creazione dei manufatti in creta, rendeva particolarmente adatto il luogo a tale destinazione. Le numerose case ad uso del mestiere risalivano poi la stradina ed erano ubicate pure nella località Mierosano che comprendeva lo spiazzo e l'ultimo tratto della stradina che sbocca poi sul viale suddetto e risale verso via San Pietro de' Ferraris, nella piazzetta antistante l'omonima chiesa, allora esistente. Padre Antonio Salvatore, autore di un pregevole libro sulla storia di Montefusco, nel paragrafo dedicato pure agli artigiani montefuscani[26] individua l'antica fornace dei Dente nei pressi dell'ex Farmacia Scala, proprio dove la stradina proveniente da Canale/Mierosano si incrocia con viale Kennedy. I ceramisti appartenenti a questa famiglia avevano in tale zona pure le case di residenza, quasi tutte di loro proprietà. Proprio dallo studio catastale dell'insieme delle proprietà delle case soprane e sottane ad uso del mestiere e delle case per propria abitazione della famiglia Dente e degli altri ceramisti, si definiscono le precise coordinate di una ben definita geografia dell'arte ceramica a Montefusco nell'ampio quartiere suddetto.

Qualche decennio fa si aveva ancora memoria dell'esistenza delle fornaci nella zona, e ancora vi risiedeva una discendente della famiglia Manzo, Carmela, anch'ella dedita al commercio delle ceramiche, mentre qualche esponente della

---

[26] ANTONIO SALVATORE, *Mons. Fusculi Meriggio e crepuscolo di una capitale*, "Fornaci, porte, eremi e natura", p. 307.

famiglia Dente risiede in via S. Pietro de' Ferraris, dove ancora c'è una casa di proprietà di Dario Dente, nipote di Pietro, e discendente di Matteo, già nominato.

Le produzioni

L'avvocato Giovanni Castagnetti, nel suo famoso studio sulla storia di Montefusco[27] ricordava che Paolo Giovio, vescovo, storico, medico, biografo e museologo vissuto tra le fine del XV secolo e la metà del XVI, nominava nei suoi scritti, i «bianchi bronej di Montefusco», fornendo allora una importante testimonianza della produzione della ceramica montefuscana. Nel secolo successivo, le testimonianze riportate dall'esimio professore Donatone riferiscono di una produzione ceramica notevole che spaziava dai piatti ai vasi, e alle più caratteristiche "bornie", i contenitori per il miele. «È certo che nel secolo XVI le maioliche di Montefusco erano rinomate dal momento che ne risulta un forte flusso di esportazione verso la Sicilia» egli testimonia, e così, tra gli scaffali di aromatai e di speziali siciliani, come nelle prestigiose collezioni del barone Calascibetta di Enna e nel patrimonio delle chiese del tempo, si ritrovano vasi e piatti prodotti dalle fornaci montefuscane.

La produzione ceramica montefuscana dei secoli XVII e XVIII era molto varia e prevedeva forme vascolari tipiche e diverse. Vi erano *vasi di creta chiara con piccole anse e caratteristico collo strombato,* ma pure vasi a bottiglia ed ovoidali, anfore, idrie ed anche alzatine e piatti variamente decorati, fino poi alle *ammole* e ai *cicini*, i contenitori per l'acqua e il vino della produzione tardo ottocentesca. Tali reperti, in parte conservati nelle collezioni familiari private, in parte rinvenuti in opere di scavo effettuate nella zona delle fornaci, testimoniano un'attività importante nel territorio montefuscano. Alcune di queste originali creazioni, purtroppo incompiute, sono rimaste allo stadio iniziale della lavorazione, quindi allo stadio di biscotto; altri presentano la sola copertura stannifera e quindi il tipico strato bianco-latteo, altri invece interessanti toni policromatici e particolari rilievi naturalistici. In essi, come nelle altre eclettiche e fantasiose maioliche irpine e sannite del tempo, si esprimeva l'inquieto spirito popolare tinto di riflessi cromatici originali e corposi. Tratto cromatico caratteristico di allora è il turchino di Montefusco, di questa vetta rocciosa che dalla sua altura è parte del respiro inquieto ed immenso del cielo e il verde, il verde vivo dei boschi, che incorniciano l'orizzonte; il verde brillante delle vigne e delle valli in cui i contadini seminavano grano e speranze, e infine il giallo, il giallo luminoso del sole che rischiara le eleganti strade di pietra e i vicoli ambrati in cui l'esistenza è fremito

---

[27] Giovanni Castagnetti, *La Capitale del Principato Ultra Montefusco (Fulsulae). Dalla preistoria ai tempi nostri*, p. 98.

di dolore e di desiderio. I colori della speranza e della fatica, i colori della vita nell'umile borgo dove il calore della famiglia accarezzava il cuore e si rifletteva nell'umiltà delle terrecotte e nel chiarore della maiolica.

L'arte della lavorazione e decorazione dei manufatti ceramici appartiene dunque alla laboriosa comunità montefuscana e, seppur oggi ve ne è rimasta debolissima traccia nella memoria locale, essa, in passato, ha dato notevole lustro alla nostra cittadina e merita di essere riscoperta. Tale originale ed eclettica attività artistico-artigianale merita sicuramente di essere conosciuta, apprezzata, valorizzata, e soprattutto custodita nello scrigno della memoria montefuscana. Questa intenzione ha animato le pagine e i giorni di questa lunga ricerca e questo è lo scopo che si spera di aver raggiunto. Per questo ringrazio ancora il responsabile dell'Archivio Parrocchiale di Montefusco nei mesi del mio studio, padre Antonio Salvatore e il suo disponibile collaboratore, Antonio Parente e quanti, funzionari e dipendenti dell'Archivio di Stato di Avellino, hanno dimostrato grande professionalità, oltre che gentilezza e disponibilità, nell'accompagnarmi nel percorso complesso di questo studio.

A quanti hanno invece cercato di ostacolare questa mia libera e disinteressata ricerca, lascio l'indifferenza e la serena consapevolezza che il tempo, sempre galantuomo, saprà distinguere sempre i veri figli di questa terra.

Appendice

Montefusco nel 1815

Lontani ormai i tempi dei papi e dei re che dimoravano negli antichi palazzi, nei secoli XVIII e XIX, Montefusco, nel 1815, si presentava come una laboriosa cittadina di 2300 anime in cui si affaccendavano, negli ombrosi vicoli e tra le assolate piazze, cretai, sartori, ferrari, pizzillare ed artigiani vari. Uno sguardo lungo sulla struttura urbanistica del tempo, sulla toponomastica e sull'architettura della cittadina, da qualche anno non più Capoluogo, lo possiamo tracciare seguendo le indicazioni del Catasto Napoleonico, e in particolare dello Stato di Sezioni, *l'estimo de' Fondi situati nel Comune di Montefusco*. Ritenendo utile per meglio comprendere e per contestualizzare la seguente trattazione, ma pure volendone conservare memoria, ad uso di successive ricerche, propongo, in appendice allo studio, il dettaglio del Catasto Provvisorio – Stato di sezioni.

Il Catasto Napoleonico Provvisorio risale all'anno 1807 e contiene la nuova divisione in sezioni che venne fatta del territorio del Comune di Montefusco in base alla legge del 8 novembre 1806, legge «in vigor della quale siamo chiamati a formare un quadro indicante la diversa divisione del territorio che distinguonsi col nome di Sezioni, tanto nella Città, quanto nella campagna». Lo Stato di Sezioni, redatto il 20 luglio 1815 fu «fatto in esecuzione del Real Decreto del 12 agosto e in conformità alle Istruzioni Ministeriali del 1 ottobre 1809, per servire alla formazione del Catasto Provvisorio».

Il territorio di Montefusco venne allora diviso in sei sezioni che erano:
1) Sezione Domiciliaria-Abitato; 2) Camino Consolare; 3) Piana; 4) Valli; 5) Castello; 6) Cappuccini.
Più in dettaglio:

- **Sezione A - Abitato**

al Seggio	S. Francesco	Sotto S. Giacomo
Alle Carceri (o *sotto Le Carceri*)	al Canale (o *sul Canale*)	La Stagliata (o *sotto la Stagliata*)
Piazza S. Pietro	Miero Sano	S. Maria
S. Caterina	alle Monache (o *sotto le Monache*)	S. Nicola (o *sotto S. Nicola*)
sul Carmine	Olmo	Supportico
Castello	S. Giovanni	S. Bartolomeo
Madonna delle Grazie	S. Felice	

- **Sezione B – Camino Consolare**

L'Amarena	La Serra	La Macchia
sotto al Pescino (?)	Viturano	Acqua Cupo
S. Egidio	La Ioriba (o Loriba)	Cesina
Cretazzo	Marotta	L'Oliveto
alla Pigna	alla Costa	La Pietà
sotto le Brecce	Molino a Vento	Mastro Pietro
Bosco Framminio (o Flamminio)	sotto La Villa (o alla Villa)	S. Antuono
Aria Peruta		

- **Sezione C – La Piana**

La Campora	La Piana	Le Greccole
Aria Peruta	Belvedere	Cencipaglia
Fontana Riviezzo	Fontana Capitano	

- **Sezione D – Le Valli**

Carfagnano	Cupone	Le Valli
La Fossa	Murarelle	S. Bartolomi
Ariella	Fontanelle	Ortora
Carfagnano Abbonante	Verdecaro	S. Lucia

- **Sezione E – Il Castello**

Ponte Rotto	Castel del Lago	S. Nicola in Calcidis
Stoccaferro	Li Nirusi (?)	Vertecchia
Li Pozzitelli a Vertecchia	Li Grottoni	Il Serrone
S. Egidio	Cupa de' Vaticali	S. Lucia
Il Canale		

- **Sezione F – I Cappuccini**

Sotto La Serra	Sopra La Serra	Pozzo Troiano
Epitaffio	Potenza	Serrone
Tronte	La Pietà	Cupa de' Vaticali

Orcio a collo stretto della fornace della famiglia Manzo
(collezione privata)

INDICE GENERALE

Indice delle tavole genealogiche dei faenzari

Indice delle schede biografiche dei faenzari

A 1: Tommaso Dente **A 2**: Vincenzo Dente **A 3**: Crescenzo Dente **A 4**: Carmine Sabato Dente **A 5**: Tommaso Nicola Pellegrino Dente

B 1: Matteo Dente **B 2**: Guglielmo Dente **B 3**: Pasquale Dente **B 4**: Modestino Dente **B 5**: Annamaria Ciampo **B 6**: Gaetano Dente **B 7**: Carmela De Vito **B 8**: Pietro Ciriaco Dente **B 9**: Nicola Antonio Simone Dente **B 10**: Antonio Carmine Pasquale Dente **B 11**: Antonio Abbate Pasquale Dente **B 12**: Pasquale Dente **B 13**: Giovanni Antonio Dente **B 14**: Pietro Dente **B 15**: Francesco Saverio Dente **B 16**: Domenico Dente **B 17**: Giovanni Dente **B 18**: Carmine Dente **B 19**: Crescenzo Domenico Dente **B 20**: Modestino Dente **B 21**: Francesco Saverio Dente

C 1: Francesco Dente **C 2**: Giuseppe Dente

D 1: Ciriaco Dente

Il Terebinto Edizioni è una casa editrice indipendente con un vasto catalogo che comprende titoli di ogni genere. Dalla saggistica alla poesia, dalla narrativa all'aforistica. La nostra politica editoriale è tutta volta all'innovazione e alla ricerca di nuovi talenti.

Per informazioni e proposte editoriali, contattaci all'indirizzo mail terebinto.edizioni@gmail.com

www.ilterebintoedizioni.it   terebinto.edizioni@gmail.com